LES
LOIS DU PROGRÈS

DÉDUITES

DES PHÉNOMÈNES NATURELS

PAR

R. FEDERICI

ANCIEN DÉPUTÉ AU PARLEMENT D'ITALIE

SECONDE PARTIE

OUVRAGE TRADUIT DE L'ITALIEN

PARIS

ANCIENNE LIBRAIRIE GERMER BAILLIÈRE ET Cⁱᵉ

FÉLIX ALCAN, ÉDITEUR

108, BOULEVARD SAINT-GERMAIN, 108

1891

LES LOIS DU PROGRÈS

LES
LOIS DU PROGRÈS

DÉDUITES
DES PHÉNOMÈNES NATURELS

PAR

R. FEDERICI

ANCIEN DÉPUTÉ AU PARLEMENT D'ITALIE

SECONDE PARTIE

OUVRAGE TRADUIT DE L'ITALIEN

PARIS

ANCIENNE LIBRAIRIE GERMER BAILLIÈRE ET Cⁱᵉ

FÉLIX ALCAN, ÉDITEUR

108, BOULEVARD SAINT-GERMAIN, 108

1891

INTRODUCTION

Devenu le possesseur des produits universels de la terre et apte désormais à comprendre les merveilleux mouvements du ciel qui se relient avec elle, l'homme se répandit, sous toutes les latitudes du globe, dans les régions déjà prêtes à le recevoir, après que l'énergie végétale se fut épuisée à lui en préparer le règne : œuvre d'émondation à laquelle on dirait presque que la nature travaille encore sous nos yeux, avec une anxieuse furie, dans les forêts vierges des zones tropicales.

Partout où il apparaît, du pôle à l'équateur et dans les deux hémisphères, sur les continents ou dans les îles les plus reculées, parmi les glaces silencieuses ou sous les feux les plus ardents du soleil, vivant ou endormi dans les couches profondes d'une autre période géologique, l'homme est toujours le même. Les dimensions du corps, la longueur des bras, la capacité du bassin, la largeur du crâne, ainsi que les traits du visage et la couleur de l'enveloppe épidermique ont beau varier, le type humain demeure inaltérable dans son essence.

Depuis les images grossières qui le reproduisent, gravées en creux sur les pierres et les ossements de l'Europe ancienne ou sur les gigantesques blocs de l'Amérique primitive, jusqu'aux simulacres des dieux et des héros que l'Égypte, la Mésopotamie, l'Inde conservent encore; et, depuis ces simulacres jusqu'aux formes d'une si mâle élégance du Jupiter Olympien, jusqu'à l'aspect d'une si ineffable tendresse de Jésus, la ressemblance générale de son espèce ne s'est aucunement transformée.

Traversez les océans et les déserts, franchissez les régions des hautes montagnes, percez les ténèbres des temps antiques, sondez les abîmes des âges qui ont précédé l'histoire, vous trouverez parfois l'homme dissemblable dans les détails, mais constamment semblable à lui-même dans l'ensemble. Comme la lumière et le son qui, bien que se composant de gradations successives, n'éveillent dans l'esprit qu'une seule idée, ainsi l'espèce humaine, sous ses variétés multiples, se manifeste une et complète.

Quand même il existerait chez l'homme des diversités plus grandes, la faculté sensible qui le résume mieux que toute autre, la Parole, suffirait seule à établir son identité à travers tous les espaces et tous les temps : elle suffirait à le constituer, non plus *espèce*, mais *genre* distinct de tous les autres genres. L'habitant de Ninive, de Memphis, d'Athènes, de Rome, reconnaissait jadis son semblable dans le vil barbare dont il avait fait son esclave, de même que le fier Espagnol et le citoyen anglo-saxon le reconnaissent aujourd'hui dans le nègre et dans le peau-rouge. Nous-mêmes hésitons-nous à le reconnaître dans le témoin des âges les plus lointains, lorsque la pioche magique, on peut le dire, du géologue, le ramène au jour des cavernes profondes de la terre?

La parole n'est pas seulement une intonation ou une articulation de sons; elle n'est pas une simple expression de sensations commune à tous les animaux en général, ni une émission de syllabes particulière et propre à une de leurs espèces : la parole représente l'acte de l'intelligence, qui, coexistant avec les autres phénomènes dont l'ensemble caractérise l'homme, ne pouvait manquer de se manifester au moyen de ce signe sensible. Car l'homme n'est plus l'homme sans l'intelligence, et, sans la parole, l'intelligence n'atteindrait pas son but. Il faut dès lors conclure, non seulement que l'homme est l'être qui parle, mais que, dès sa première apparition sur la terre, l'homme a possédé le don nécessaire de la parole.

Néanmoins, avant que cette faculté admirable eût achevé de forger le langage, il a dû s'écouler une longue suite de siècles. Qu'on réfléchisse, en effet, à la tâche difficile qui lui incombait de fournir et de fondre, en quelque sorte, les signes destinés à reproduire les idées abstraites et les rapports de ces signes entre eux. Les études philologiques, quelque loin qu'elles aient été poussées de nos jours, n'ont pourtant pas réussi à découvrir un seul mot-type ou racine nouvellement introduit dans les temps qui nous sont connus. Aussi quelques écrivains en ont-ils conclu qu'à l'heure où l'histoire commence, l'homme avait déjà perdu une partie de sa puissance d'invention, et d'autres que le langage n'était pas son œuvre, qu'il lui avait été révélé ou transmis par un être supérieur. Mais si la source commune des langues disséminées dans le monde a échappé jusqu'ici aux investigations des plus savants linguistes, il est désormais évident que, soit qu'on les classe en deux ou en trois grandes familles, elles gardent toutes le même caractère et décèlent toutes une organisation identique. Il s'ensuit que, de même que l'homme peut vivre sous tous les climats et se reproduire dans les races les plus diverses, de même il peut entendre et parler toutes les langues.

De formidables révolutions géologiques, de gigantesques déplacements dispersèrent les peuples, comme le simoun fait du sable des déserts. Peut-être des races entières disparurent-elles dans les cataclysmes qui changèrent mainte fois l'aspect du globe; mais, parmi ces effroyables bouleversements du sol et les dépôts pestilentiels laissés par les eaux, la parole survécut pour reconstituer le lien des nouvelles générations qu'elle rattacha ainsi aux générations disparues. L'écriture reparut procédant tantôt de la description, tantôt du son, tantôt de l'idée pure, groupant, accouplant, disposant les syllabes de mille manières. Dans les seuls caractères cunéiformes, on distingue trois formes successives et différentes de reproduction du langage.

La parole demeure inséparable de l'homme.

C'est que la parole crée une sphère absolument distincte de tout autre centre ou système de l'univers, la sphère où, seul entre toutes les créatures, non plus l'homme, mais l'être humain se perpétue et se développe. Elle émane de la parole cette patrie sublime et immortelle, dont chacun de nous, au même degré, devient le citoyen : je parle du monde intellectuel, œuvre de l'homme, et, en même temps, milieu exclusif de son existence.

Or, quoique l'origine de notre espèce reste enveloppée dans les voiles mystérieux sous lesquels s'accomplit l'acte de la création, ou, si l'on veut, de l'émanation des choses, sa division en plusieurs branches, en variétés diverses sur la surface de la terre suit une marche identique. La descendance directe de races relativement inférieures d'un type supérieur, tel que l'aryen, peut faire hésiter l'esprit ; mais la raison refuse absolument d'admettre que d'une souche de vertu moindre provienne ce qu'il y a de plus parfait en son genre. Qu'il me soit permis, pour l'instant, de faire seulement remarquer que, si rien ne se fait avec rien, il faut aussi que le produit se retrouve dans le producteur. Avec tous les entrecroisements et toutes les sélections possibles, on ne parviendra jamais à faire entrer dans les produits mixtes un élément caractéristique qui ne se trouve pas d'abord dans leurs générateurs. D'autre part, il n'est pas présumable que des branches diverses et séparées aient apparu soit successivement, soit simultanément, tout en gardant le même type et en suivant le même développement, la même tendance à se grouper en société morale au moyen du langage.

En effet, nulle part dans l'univers, on ne rencontre un peuple ancien ou, de nos jours, une tribu sauvage, chez qui ne se soit conservée quelque légende ou tradition de l'origine commune de l'homme et de ses premières conquêtes sur la nature. Quelle que soit la différence apparente de ces légendes dans l'Inde, la Mésopotamie, l'Égypte, la Grèce, la Palestine, dans les régions septentrionales de l'Europe, parmi les populations de l'autre hémisphère, parmi les Australiens et les Malais, elles révèlent toutes indistinctement la descendance ininterrompue de l'homme, l'instinct qui le porte à nouer des rapports avec ses semblables, son aspiration à pénétrer les causes de ce qui l'environne.

Le Zend-Avesta, les Védas, les livres récemment découverts des Assyro-Chaldéens, qu'on s'étudie à déchiffrer à l'Académie royale de Londres et dont les feuillets sont représentés par des briques gravées, les Kings et la plus complète des Écritures, la Bible, non moins que les mythes des Nubiens, des Égyptiens et des Grecs, rattachent nos sociétés contemporaines, de chaînon en chaînon, aux sociétés les plus reculées ou, pour mieux dire, au premier anneau de la chaîne sociale désormais impossible à briser. Et rien ne sert de contester les dates attribuées communément à ces monuments sacrés des nations : l'antiquité et la continuité de l'être humain dans le progrès n'en sont nullement ébranlées ; car un simple regard jeté sur la hauteur des conceptions et l'abstraction des idées que ces livres renferment suffit à nous convaincre de l'accumulation de siècles nécessaire pour atteindre à un tel degré de perfection.

L'avènement de Noé, ou l'ère des grands cataclysmes géologiques, fournit le meilleur argument en faveur de la continuité de l'existence de l'homme et de sa persévérance à marcher vers un même but. Soit que des nations, déjà rapprochées entre elles, fussent tout d'un coup séparées par les épouvantables transformations du globe, les déplacements du sol, les éruptions des montagnes, les éboulements et les inondations ; soit que, fuyant devant ces terribles catastrophes, des fractions de peuples déjà civilisés transportassent ailleurs, en le modifiant, l'héritage moral des aïeux ; soit enfin que, par suite des conditions nouvelles du sol et de l'atmosphère, les anciennes populations perdissent une partie du progrès moral déjà réalisé : il reste toujours vrai qu'un même foyer avait réchauffé les premières familles humaines. Car partout où l'on exhume l'homme, même des âges primordiaux, partout où l'on en découvre le plus léger vestige, on constate partout que l'homme était déjà parvenu à un degré quelconque de civilisation.

Depuis les grottes creusées dans les flancs ou à l'abri des rochers, depuis les palissades dressées le long des lacs et dans les marais, où il habita durant des siècles, jusqu'à Ninive, à Rome, à Paris, qu'il a, depuis, élevés pour en faire sa fastueuse demeure, lui, l'homme, à le considérer physiquement, n'a guère changé. Les peuples eux-mêmes, en dépit de la distance des temps et de la diversité des régions, ne différèrent pas beaucoup entre eux, jusque dans les formes de la vie sociale.

Seul l'être moral ne cessa d'élargir, d'étendre, de porter toujours plus loin les limites de son développement. Quelle différence entre le patrimoine de connaissances de l'homme d'aujourd'hui, maître presque souverain des forces de la nature, et le patrimoine intellectuel de l'homme qui, pour façonner la pierre informe, n'avait que la pierre même !

Le sentiment de la dignité humaine s'est accru avec le savoir, tandis qu'au contraire, avec l'intelligence plus haute de soi-même et de son prochain, la violence des passions a diminué. L'affection a émoussé l'âpreté des appétits et l'équité est venue se placer entre les conflits des intérêts, rétrécissant ainsi le champ des facultés sensitives par l'intervention et en raison de l'accroissement des facultés spirituelles.

Cet être moral se reflète, à différents degrés, sur les groupes sociaux qui émanent de lui, qui se résument en lui, et qui, grâce à lui, tendent à se réunir et à se ressouder ensemble. Cet être moral se perpétue en thésaurisant dans son sein l'œuvre des générations successives, et c'est pour cela qu'on l'appelle Humanité. L'Humanité est, en effet, le verbe qui révèle la présence de l'être enfanté par le développement moral du genre humain.

L'histoire de l'homme se déroule aujourd'hui tout entière sous nos yeux, griffonnée en traits incertains par sa main inexperte avant d'être tracée avec ces caractères que l'admirable sagacité de son esprit a su lui suggérer pour communiquer avec les âges futurs. Lui-même a pris soin de nous décrire l'aspect de la terre au milieu de laquelle il vivait, les végétaux dont il était entouré, les animaux qu'il lui fallait combattre et ceux qu'il dressait pour en faire ses auxiliaires ou ses compagnons fidèles. Il nous en a transmis l'image pour perpétuer l'une de ses premières et plus importantes conquêtes, de même que nous sculptons dans le marbre impérissable les découvertes les plus utiles à la société. Il nous initie à ses coutumes, à ses chasses, à ses pêches, il nous fait voir ses ustensiles, ses poteries, ses instruments ; il nous dévoile ses rites funéraires et le culte de ses divinités. Sans parler des musées moins considérables qui vont se multipliant dans toute l'Europe, le Musée de Copenhague et les collections de la Suisse nous fournissent assez d'éléments pour reconstituer la vie complète de l'homme primitif. En Asie, en Égypte, dans la Grèce, dans le centre et le midi de l'Italie, les ruines grandioses et encore inexplorées d'époques plus récentes couvrent le sol de leur masse épaisse et empêchent de pénétrer dans des abîmes encore plus profonds. Mais, dans le nord de l'Europe, en Bretagne, en Belgique, dans la région des Alpes, en Lombardie, sur les côtes de l'Afrique, sur les rives du Mississipi, du Scioto et de l'Ohio, l'infatigable curiosité de la science et le défaut de grands souvenirs historiques ont permis de renouer la descendance directe des premiers ancêtres. Là, si l'on ne retrouve pas encore intacte, creusée dans la roche ou flottante sur les eaux, la maison de l'habitant primitif, on y découvre au moins de larges traces de son existence sociale, et, avec les habitudes d'une civilisation déjà compliquée, ses tombeaux, ses autels, ses ateliers communs, les bornes mêmes de ses villes et de ses camps retranchés. Car, hélas! pour féconder la civilisation, les associations industrielles ne suffisent pas, il faut encore des noces de sang.

Les dolmens et les tumulus celtiques ou druidiques qu'on découvre non seulement en Bretagne, mais aussi dans le Jutland, dans le Sleswig, en Poméranie et dans la province de Constantine en Algérie, les grottes sépulcrales d'Aurignac et de la Madeleine, le réceptacle colossal des débris des festins funéraires d'Havelse, les allées ouvertes ou séparées par des chambres, je veux dire les menhirs de Carnac, les cimetières de Hallstadt, près de Salzbourg, de Saint-Jean de Belleville en Savoie, et de Somma en Lombardie, attestent la grandeur des ressources matérielles et l'élévation des idées morales qui étaient déjà l'apanage des sociétés vivant à l'écart dans les régions boréales. Ignorées jusque dans ces derniers temps, quelques-unes d'entre elles étaient contemporaines de ces superbes empires de l'Orient, qui éblouissent encore les imaginations; quelques autres leur étaient même antérieures. Déjà, quand la pierre seule fournissait les instruments et la matière du travail, non seulement la satisfaction de tous les besoins de la vie était garantie, mais les arts étaient nés et développés.

Les ateliers et les fabriques d'ustensiles, d'armes, d'objets de toilette et d'emblèmes en silex que l'on retrouve à Persigny, à Spienne en Belgique, et dans l'île d'Elbe, fournissaient des ouvrages ornés de figures de tigres et de poissons, dont le tranchant, le poli et le dessin prouvent une expérience et une habileté de main fort avancées. Tels sont, par exemple, les sceptres ou bâtons de commandement de Bruniquel et de la Madeleine. Plus tard, dans la seconde période, après la première dont la durée fut si longue, les fonderies de bronze établies à Échallens en Suisse, dans la Suède et la Norvège, fabriquent des armes et des outils, dont l'élégance rivalise avec ceux d'Ilion et de la Grèce à l'époque de la grande lutte chantée par Homère. Des villes en grand nombre s'élèvent alors sur des palafittes au bord des lacs et des marécages, ou sur des îles artificielles formées d'amas de terres rapportées et de blocs de pierre, à Morges, à Chabrey, à la Tène, à Wangen en Suisse, à Starnberg en Bavière et à Olmutz, à Mecklembourg, à Castione dans le territoire de Parme, à Saint-Vincent sur la côte d'Afrique, à Rio de Janeiro dans l'Amérique du Sud, et d'autres cités encore connues sous le nom de kjœkkenmœddings dans le Danemark, ou de crannoges dans l'Irlande. Le mouvement industriel et artistique, augmentant sans cesse, produit ces fours de fer découverts dans la Carinthie et près de Berne, dont la construction remonte à des époques antérieures à la grandeur romaine.

Des centres de population si nombreux et si considérables, qui des rivages de la Méditerranée s'étendaient jusqu'à ceux de la Baltique, n'étaient pourtant pas, quoique séparés, restés sans contact entre eux et sans que les uns eussent profité des progrès des autres. La puissante impulsion de l'Orient, même en perdant de sa force dans le long trajet qu'elle eut à parcourir, parvint à communiquer un principe de mouvement à ces contrées extrêmes.

Les verres et les tissus de laine découverts dans les tumulus du Jutland, les objets en ivoire des grottes de la Madeleine et des tombeaux de Hallstadt, le corail et l'ambre trouvés aux deux extrémités du continent européen ne démontrent-ils pas que des habitudes d'échanges avaient été contractées entre les régions les plus éloignées?

Nous ne pousserons pas nos conjectures aussi loin que l'écrivain, qui, se fondant sur la découverte de deux crânes à Furfooz en Belgique, l'un attribué au type caucasien, l'autre au type africain, s'est hâté de conclure que des peuples de races si différentes se visitaient ou menaient une vie commune, dans ces âges lointains, en cette partie de l'Europe. Il paraît néanmoins indubitable que des tribus intermédiaires (dont l'une était peut-être la tribu helvétique) commerçaient entre elles et que des communications étaient établies entre les pays limitrophes, formant ainsi une chaîne ininterrompue de sociétés civilisées à divers degrés et qui s'entr'aidaient mutuellement.

Toutefois, quels qu'aient été le parallélisme ou la priorité entre elles de ces premières manifestations de la civilisation, les régions boréales de l'Europe, de l'Afrique et de l'Amérique ne participèrent pas aux grandes effusions de lumière qui remplirent l'Orient. Jamais les sociétés n'y parvinrent au nombre immense d'habitants ni au degré élevé des empires qui surgirent presque partout en Asie et sur le seuil de l'Afrique. La Grèce et l'Italie elle-même les devancèrent de loin. Ou bien les différentes tribus et populations du nord et du centre de l'Europe (ainsi que d'autres contrées sur les autres points du globe), eurent pour source des émigrations qui, s'étant une fois détachées de la famille maternelle, laissèrent, en s'en éloignant, s'affaiblir ou se perdre une partie de la civilisation acquise ; ou bien des populations, séparées tout à coup les unes des autres par des cataclysmes géologiques, se trouvèrent livrées, durant un long espace de temps, chacune à son propre développement spécial, que chacune produisit différemment selon ses forces. De toute façon, la différence de degré et de civilisation apparaît évidente toujours et partout.

. Les grandes sociétés sémitiques et aryennes, qui fondèrent les grands empires dans la vaste plaine qui s'étend des monts d'Arménie au golfe Persique, ou dans la péninsule gangétique, ou dans celle du Nil, ou dans la petite Phénicie, ou dans la Palestine isolée, ne suivirent pas des voies moins différentes et n'obtinrent pas des résultats moins inégaux. La diversité est la même pour la race mongolique, dont nous contemplons encore avec admiration non seulement les traces, mais l'image même dans la civilisation, vénérable entre toutes par son antiquité, qui brilla et brille encore aujourd'hui en Chine.

Il y eut autant de diversité dans l'écriture de toutes ces nations que dans les langues qu'elle devait perpétuer, et même dans la matière employée pour la conserver. Les hiéroglyphes égyptiens s'alignent dans les papyrus roulés, tandis que les caractères cunéiformes sont gravés sur des briques, comme sur les feuillets d'un livre.

Des monticules de sable cachent, ou du moins cachaient jusqu'à ces dernières années, les grandes villes si glorieuses de la Mésopotamie, tandis que les ruines grandioses de l'Égypte révèlent encore à présent la puissance de ses métropoles. Ici des masses de pierre s'élevaient sur des masses de pierre; là, on bâtissait avec de la terre cuite revêtue tout au plus de lames de basalte. L'ordre architectural de l'antiquité indienne se rapproche plus de celui des édifices découverts dans l'Amérique centrale que des constructions de l'Égypte. Cependant, de l'Euphrate au Nil, la sculpture, la peinture et l'orfèvrerie ne différaient guère dans l'imitation des objets naturels; mais les connaissances chimiques et physiques étaient plus étendues chez les Égyptiens que chez les Assyriens et les Médo-Perses. L'aptitude au commerce, propre au Phénicien, à l'Hébreu et à l'Égyptien, manquait à la race aryenne. Mais, tandis que les grands ouvrages d'irrigation de la Mésopotamie et de l'Égypte dénotent le même degré de progrès agricole chez ces deux peuples divers, les populations soumises par les brahmanes aryens restent dans la période pastorale.

Ces anciens peuples diffèrent encore davantage entre eux par les institutions sociales. Le feudalisme militaire des Mèdes et des Perses diffère de la suprématie indivise entre les deux classes supérieures des Hindous. Si les satrapes ne furent pas les égaux et moins encore les supérieurs des mages ou prêtres dans la Perse, ils réussirent cependant à les soumettre à leur pouvoir : ce qui n'eut pas lieu dans les Indes, où il semblerait même résulter des plus anciennes hymnes des Védas que, dans les temps primitifs, le chef de tribu était aussi le seul intermédiaire suprême entre le ciel et la terre. Les bramines parvinrent seulement plus tard à se faire céder la moitié du pouvoir souverain des princes. En Égypte, ainsi qu'ailleurs, les castes apparaissent comme des indices généraux d'invasions successives, et les grands rois y brillent de la même clarté sombre qui émane également des combustions civiles intérieures et des guerres de conquête, pareilles à de fougueux météores. Mais là on découvre un organisme puissamment constitué, la Cité, véritable assise de la société égyptienne, soit que celle-ci doive son développement à des éléments différents des éléments asiatiques, soit qu'elle ait atteint à un degré plus élevé de perfectionnement social. Dans le centre, et plus encore à l'occident de l'Asie, les grandes villes furent sacerdotales, ou bien, comme nous l'apprennent les découvertes les plus récentes, des résidences royales : le peuple, dispersé dans les champs ou massé dans les faubourgs, se personnifiait dans le chef, dans le prince, dans le roi des rois. En Égypte, au contraire, de même que dans la Phénicie, l'être social a pu, dès les premiers âges, compléter, par la classification des ordres qui le composaient, son propre développement, constituer l'individualité de son action et fixer lui-même les limites de sa souveraineté.

La Chine, monde complètement séparé du monde organisé par les races sémitiques et aryennes, nous offre un type social d'une constitution absolument différente. La société chinoise s'appuie sur deux êtres presque impersonnels, tellement ils représentent les intérêts généraux non seulement présents et passagers, mais passés et immuables, à savoir le patriarcat royal et la perpétuité de la famille. Pas de castes, pas d'ordres, pas de classes mixtes et intermédiaires : seules, les deux expressions les plus simples de l'universalité et des individualités sociales s'élèvent et se contiennent l'une l'autre. Un fil animateur va et vient perpétuellement d'un pôle à l'autre — le savoir — car tout le mécanisme du fonctionnement public repose sur le mérite personnel. La providence impériale, appelée « père et mère » de l'État, laquelle n'a point de limites lorsqu'elle veille à la garde des lois sanctifiées par les rites, en rencontre partout, au contraire, lorsqu'elle se hasarde à en créer de nouvelles. La famille, qui remonte infatigablement et se rattache aux premières racines de la première société originaire, a quelque chose de si sacré et de si durable que toute autre institution semble, en comparaison, vile et caduque. Ou bien cette grande simplicité est le reflet d'une civilisation primordiale qui s'est développée, comme dans un paradis, sans secousses et sans conflits ; ou bien elle est le résultat d'une longue suite de vicissitudes qui effacèrent successivement les traces des luttes, des prépondérances, des succès de tribus et de peuples envahisseurs, de classes et de partis triomphants.

La religion surtout, où se concentrait avec le plus d'intensité la force intellectuelle des peuples anciens, fournit la preuve par excellence des inégalités qui surgissaient entre eux, bien que la source et la direction finale des sciences divines soient, chez tous, absolument identiques. Même les groupes formés par les races ne peuvent être classés par types de religion : les religions diffèrent entre Aryens comme entre Sémites et Mongols. Le monothéisme est le signe éclatant qui accompagne le peuple hébreu dès sa première apparition, et le naturalisme, ou le culte des phénomènes physiques, domine sur les autels de l'Égypte. Toute idée religieuse est représentée, en Égypte, par un mythe : ce qui prouverait que les premières manifestations religieuses y ont déjà été altérées, soit par la grossièreté des peuples à qui elles furent transmises, soit par la précaution des prêtres, désireux de soustraire les dogmes établis aux fluctuations de la tradition.

Les religions des anciens Aryas connues jusqu'à ce jour n'étaient guère moins différentes entre elles. En effet, quel que puisse être le rapport entre les hymnes les plus antiques des Védas et quelques parties du Zend-Avesta, il est hors de doute que les Perses ne reconnurent pas dans les membres des castes souveraines de l'Inde des adeptes de leur foi et les considérèrent comme dévoués à de faux dieux et envahis par des doctrines barbares. Lorsque le panthéisme des brahmanes, réformé par Bouddha, s'exila, pour ainsi dire, parmi les peuples mongoliques, ceux-ci, en l'adoptant, ne tardèrent pas à l'altérer, grâce à leur aptitude spéciale, rebelle entre toutes aux abstractions métaphysiques. Introduit ainsi dans l'extrême Orient, le bouddhisme y partagea la souveraineté, en Chine, avec une théodicée informe du cru, au Japon, avec un vague dualisme qui reflétait les principes antinomiques des Perses.

Là où le caractère d'universalité se montre davantage, là aussi se manifeste plus que partout ailleurs, par la comparaison immédiate des parties contiguës, l'inégalité du concours apporté par chacun à l'œuvre commune. Lorsque, par une loi dont le présent ouvrage a le devoir de préciser les termes, se manifeste une tendance générale à atteindre un but déterminé, chaque peuple déploie, dans la poursuite de ce but, une aptitude qui lui est propre et y introduit ses éléments particuliers aussi bien dans l'ordre religieux que dans les autres organismes sociaux.

Trois religions surtout semblent avoir divisé la terre, comme en trois zones immenses : le bouddhisme, l'islamisme et le christianisme. En combien d'églises différentes chacune de ces trois grandes croyances ne s'est-elle pas partagée ? Que de schismes et que d'hérésies ! Qu'on suive l'itinéraire de la grande réforme du bouddhisme, du Népaul au Thibet, à Samarcande, en Chine, à Siam et aux grandes îles ; qu'on observe successivement le nombre et la nature des modifications subies par la religion panthéistique, depuis son unité presque abstraite jusqu'aux apparences de l'idolàtrie. A chaque pas, sur chaque terre nouvelle, elle se dépouille d'une partie de sa substance originaire pour revêtir de nouveaux attributs. Ce n'est pas la religion qui s'altère, ce sont les peuples qui la façonnent à leur usage. L'islamisme, transplanté de l'Arabie dans l'Asie centrale, se transforme au contact des peuples anciennement mazdéistes, et, transporté sur les côtes africaines, il perd la partie synthétique de son dogme. Le christianisme subit également des changements considérables dans ses rapports avec l'État, dans ses rites, dans sa discipline et jusque dans son dogme. A Byzance, l'empire romain le prit dans les catacombes et le superposa à la société légale par un miracle de transformation subite, tandis qu'en Italie, par un miracle encore plus surprenant, Rome fit du christianisme le lien unique et indissoluble de nations très différentes entre elles. Qui ne voit la grande distance qui sépare l'Église impériale de la foi des peuples ? La religion du Christ ne changea pas seulement de forme dans son passage de l'Église grecque à l'Église latine, elle modifia encore son organisme social le plus intime. Les hérésies ne furent pas toujours motivées, mais elles furent toujours alimentées par les dispositions ou les traditions des peuples, chez qui elles prirent une racine plus profonde. Il serait superflu de récapituler la série des variations de l'Église, que chacun se rappelle ; mais il est facile de s'apercevoir, au premier regard jeté sur la situation présente des Églises chrétiennes, que leur division actuelle et définitive a été engendrée par des germes qui, dès les premiers temps, existaient dans chaque peuple.

Toute une catégorie de phénomènes historiques, qui n'ont pas été encore étudiés, mettra mieux en lumière la cause de la diversité des éléments qui ont contribué au développement humain.

L'intronisation de la civilisation universelle sur les plateaux élevés est moins due aux multitudes qui se pressaient dans les grandes plaines et dans les centres naturels des vastes étendues, qu'aux peuples, peu nombreux et presque cachés, qui séjournaient dans les petites divisions géographiques de la terre. C'est du sein profond des anses et des îles, du milieu des écueils découpés le long des océans, de quelque recoin lointain alpestre, du fond des marais ou de quelques vallées étroites et solitaires, que surgirent tout à coup les peuples qui devaient s'illustrer entre tous dans l'histoire, et qui ont accompli les œuvres les plus profitables à la société humaine.

En dehors du large espace situé entre l'Euphrate et le Tigre — qu'on peut regarder comme le grand carrefour où des nations de races diverses vinrent se rencontrer-plutôt que comme la patrie originaire de chacune d'elles — les Égyptiens, les Perses, les Grecs, les Romains, les Phéniciens, les Étrusques, les Hébreux, les Arabes, les Scandinaves, les Hollandais, les Vénètes, les Anglais, les Portugais et d'autres peuples de l'Asie comme de l'Europe, prirent tous naissance dans des contrées resserrées et isolées, et, peu nombreux, étaient tous à peine connus la veille de leur brillante apparition dans le monde. Comme dans des enceintes abritées contre toute intrusion inattendue, impénétrables à tout contact hétérogène, le germe se féconda et se développa tranquillement dans leurs régions, afin de contribuer, puissant par sa pureté, au progrès universel. Les agents les plus actifs de la civilisation ont été généralement les nations les moins nombreuses et les moins centrales.

Il n'existe pas de stade pour mesurer la durée de l'action des peuples civilisateurs, de même qu'on ne peut peser dans une balance les éléments apportés par eux au progrès commun. Mais, s'il n'est pas facile de reconnaître l'espace de temps employé par chacun de ces peuples pour développer la force dont il était capable, on connaît celui qu'il leur a fallu, à tous, pour décrire leur parabole. Chez quelques-uns, cette période est brève, comme chez les Arabes, dont l'ère eut la rapidité d'un lumineux météore. Chez d'autres, comme chez les Grecs et les Romains, le cours de leur splendeur fut long ; et lorsqu'elle parut s'éclipser, comme un astre du firmament, elle reprit soudain une clarté nouvelle. La prééminence de telle nation dure des siècles, tandis qu'à telle autre peu d'années suffisent pour assurer le résultat de son impulsion.

D'autre part, exception faite des armes, dont presque toutes les nations ont eu besoin pour s'ouvrir une carrière d'influence féconde, chacune d'elles a poursuivi un but spécial. Les Arabes et les Hébreux parmi les Sémites, et les populations du Gange parmi les Aryens, ont contribué à fonder les grandes religions, les Romains à établir les bases perpétuellement durables de la législation, les Grecs à élever l'idéal des arts et à poser les fondements de la philosophie universelle, les Phéniciens, les Hollandais et les Anglais à élargir les grandes voies de communication entre les peuples pour le commerce, de même que les Scandinaves, les Espagnols et les Portugais pour les explorations et les aventures maritimes. Dans la suite, quand les éléments divers de la civilisation se furent multipliés partout chez les peuples modernes, chacun d'eux se proposa plusieurs buts à la fois, sans toutefois les poursuivre tous avec une égale vigueur.

L'histoire, en effet, nous révèle ce fait constant que,

pour atteindre à un but donné de civilisation, on néglige les autres et l'on use ses forces, presque exclusivement, pour obtenir un résultat spécial. L'Italie, pour n'alléguer qu'un seul exemple, concentra, au sortir de la nuit du moyen âge, toute son activité dans les arts et dans les sciences, la détournant des disciplines militaires, juste à l'heure où, couvertes de fer, les nations voisines marchaient en sens contraire : ce qui produisit son infériorité dans la force matérielle, mais ce qui en même temps, et pour une longue période de temps, constitua sa supériorité intellectuelle dans le monde renaissant à la civilisation. L'activité concentrée dans des fonctions déterminées laisse les autres dans la langueur et l'inaction.

Néanmoins, si l'énergie employée à atteindre un but s'épuise en route, la source n'en tarit point pour cela, car cette source est dans la vie des peuples. En dehors de rares exceptions, que nous tâcherons de mieux expliquer ailleurs, comme celle des anciens habitants de l'Amérique qui tendent à disparaître après des siècles de guerres meurtrières, les nations ne périssent pas. Quelques-unes, même lorsqu'elles semblent submergées sous les invasions de peuples plus nombreux ou plus forts, se relèvent lentement, reprennent en partie leur physionomie originaire et recommencent une nouvelle existence. Les Gaulois reparurent après les Francs, les Italiens après les Longobards, les Anglo-Saxons après les Normands, les Espagnols après les Arabes, les Grecs et plusieurs peuples slaves après les Turcs. Quelques autres, comme si elles s'étaient retirées du champ de bataille, sont à peine reconnaissables, ayant consumé leurs forces en faveur de l'œuvre à laquelle elles avaient exceptionnellement concouru. Mais si elles sont tombées, victimes du progrès commun, leur apparente décadence n'a été souvent qu'un état de repos, pendant lequel leurs forces se sont renouvelées pour être ultérieurement employées à une tâche utile. Que si, au contraire, quelque nation rencontre un obstacle invincible à son développement normal ou ne parvient pas, une fois tombée, à reconquérir son ancienne prospérité, cela révèle de sa part la violation de l'une des lois morales, que le présent ouvrage a le devoir de mettre en lumière.

Pourtant, les décadences ne sont pas irréparables : les nations mêmes qui ont commis le plus d'erreurs et qui en ont souffert le plus ne tardent pas à se relever sur le chemin que leur montre l'expérience. Combien y en a-t-il, en effet, qui, dans le cours de leur histoire, ne s'enorgueillissent pas de plus d'une renaissance ? De même, celles que l'on considère comme exclues de l'héritage moral commun et naturellement inférieures aux autres, finissent, en suivant l'exemple des nations ou plus heureuses ou mieux douées, en se soutenant et se relevant tour à tour, par s'élever, elles aussi, graduellement. Chacune travaille, en son particulier, à fournir le contingent qui répond le mieux à ses aptitudes et qui est nécessaire pour compléter l'œuvre commune de la société entière. Plus ces élaborations sociales particu-

lières augmentent, plus augmente le patrimoine moral
commun, et plus celui-ci s'accroît, plus s'accroît le nombre de ceux qui y participent. La tendance du genre
humain à atteindre certains idéals, du moins dans leur
généralité, paraît depuis longtemps évidente. Déjà tous
les peuples de l'Europe, des deux Amériques et d'une
grande partie de l'Orient marchent vers les mêmes pôles
dans toutes les manifestations de l'esprit, et ne tendent
pas seulement à s'égaler dans les mœurs, dans l'industrie et dans les arts, mais encore à se rapprocher dans
les mêmes lois et jusque dans la même religion.

LIVRE I

DE L'EXISTENCE DU PROGRÈS ET DE SES CARACTÈRES GÉNÉRAUX

CHAPITRE I

Le sens étymologique du mot *progrès*, que les peuples modernes ont d'un commun accord emprunté à la langue latine, ne représente pas une idée abstraite, ne renferme pas une signification complexe et sert encore moins à reproduire une image ou une métaphore. Rien de plus simple, au contraire, rien de plus clair que ce sens. Il indique le fait qui tombe universellement sous nos yeux et à chaque instant, lorsque les corps, se déplaçant, prennent une direction quelconque. Ici le sens du mot est mathématiquement exact, car il exprime le mouvement d'une ligne allant d'un point à un autre : de sorte que *progrès* est synonyme de *mouvement.*

Ce mot n'est guère plus difficile à comprendre lorsque, appliqué au développement naturel des corps organiques ou aux transformations des corps inorganiques, lesquels traversent successivement des périodes différentes, il dénote le changement qui s'opère dans l'état *formel* de ces corps, car la nouvelle forme qu'ils prennent est la conséquence de la première forme qu'ils quittent : *progrès,* dans ce cas, signifie *transformation*. Mais en se déplaçant vers de nouvelles directions ou en revêtant des formes nouvelles, les corps se trouvent avoir acquis le résultat de leur mouvement ou de leur transformation, et ont par conséquent en eux quelque chose de plus qu'ils n'avaient auparavant. La transition qu'ils accomplissent leur fait atteindre relativement un but ou une fin ultérieure, qui ne peut être qu'une augmentation de l'état où ils se trouvaient d'abord : il est donc incontestable que *progrès* signifie *accroissement*.

Passons maintenant des corps organiques et inorganiques, que meut une force agissant en eux-mêmes ou venant de l'extérieur, à un autre ordre de phénomènes entièrement distincts, tel qu'est l'ordre des manifestations du moi pensant de l'homme et aussi de l'intelligence des animaux, quelle qu'en soit d'ailleurs la nature. Il est hors de doute qu'à peine les sens ont-ils reçu une impression, que celle-ci est aussitôt suivie d'un acte interne, qui rend l'homme conscient de l'impression reçue. L'imagination la reproduit, la mémoire la classe, et la réflexion qu'elle éveille s'y applique. Or, qu'est-ce que cela si ce n'est une succession d'actes, dont il est impossible que le premier s'accomplisse sans engendrer les autres? En appliquant donc le raisonnement que nous avons tenu pour les corps aux phénomènes psychologiques de l'homme, on admettra que *progrès* inclut trois opérations ou degrés : sentir, percevoir, réfléchir.

En sorte que, depuis les astres qui décrivent leur orbite

jusqu'aux plantes et aux animaux qui se développent dans des périodes successives ; depuis les sensations qui reproduisent les apparences des choses jusqu'aux idées qui, indivisibles en elles-mêmes, s'associent cependant indéfiniment entre elles, tout, dans la nature, a pour mode intime de l'être le progrès.

Cependant trois termes s'opposent au mot *progrès*, sans toutefois affaiblir le moins du monde le sens qui lui est ici attribué : *repos, immobilité, recul*. Le repos, soit qu'on le prenne pour l'état de transition d'une forme à une autre, ou pour la suspension entre deux actes, se confond avec l'immobilité ; aussi, quand nous aurons à parler de celle-ci, préciserons-nous mieux les deux termes. L'état de complète immobilité peut, il est vrai, être conçu par l'esprit, grâce à sa faculté d'analyse ; mais, en procédant par l'expérience, on ne le rencontre jamais ni dans le domaine des corps inorganiques ni dans celui des corps organisés. Ce qui à nos sens bornés et à nos connaissances imparfaites paraît immobilité, se produit dans la phase incertaine où une forme succède à l'autre, sans qu'il soit possible d'apercevoir les premiers linéaments de la nouvelle, les derniers vestiges de l'ancienne qui s'évanouit ; ou bien cet état recouvre un si faible accroissement ou une diminution si imperceptible qu'on ne peut les saisir ni en marquer le changement. Si bien que le *E pur si muove !* de Galilée sur la rotation de la terre semblerait être la formule universelle la mieux appropriée à la marche de toutes choses.

Quant à ce qu'on appelle vulgairement *recul*, ou bien par ce terme on entend une même action continuée en sens inverse, et sa signification rentre dans celle du progrès, comme une ligne qui, parce qu'elle décrit un arc, ne s'interrompt pas pour cela ni ne change de nature ; ou bien par *recul* on entend l'acte qui dissout un acte précédent, c'est-à-dire une forme qui se détruit pour en engendrer une autre, et la fin sera opposée ou, pour mieux dire, différente, mais la faculté qui procède ainsi restera la même. Défaire sera toujours faire. Car je ne pense pas qu'on veuille jamais étendre le sens du mot *recul* jusqu'à celui de *destruction*. La destruction n'est pas dans la nature, dont le moindre chaînon ne saurait être, je ne dis pas anéanti, mais seulement brisé, sans troubler l'ordre général et l'équilibre. On peut donc conclure que, par rapport à tous les phénomènes de la nature, le *progrès* et l'*être* sont des termes équivalents.

CHAPITRE II

Ayant déterminé le sens du mot *progrès*, lorsqu'il exprime la manière d'être de tous les phénomènes de la nature, y compris le moi pensant de l'homme, il faut maintenant préciser sa signification lorsqu'on l'applique au rapport qui unit plusieurs individus humains en dehors ou au-dessus de la sphère des choses visibles. C'est ici que commencent réellement les notes discordantes ! Non seulement tout ce qui se rapporte au progrès moral engendre des incertitudes, des doutes, des opinions contradictoires, mais son existence même est parfois mise en discussion, et l'on va jusqu'à la nier. Pour cette raison, je n'essayerai de le définir que lorsque sa marche apparaîtra aussi certaine et évidente que celle de tous les autres objets qui tombent sous nos sens.

Ce mot n'est pas de ceux qui, après avoir exprimé des notions simples, acquièrent ensuite la valeur d'autres idées qui, s'y annexant l'une après l'autre, finissent par rendre difficile la recherche du sens primitif. C'est surtout dans le langage religieux que souvent, pour re-

monter de vestige en vestige jusqu'à la vérité étroite de
l'origine, il faut dépouiller les mots du voile des mythes
qui les ont, depuis, consacrés. C'est pour cela que Platon
appelait « amis de la science » les amateurs des mythes.

Appliqué au moral, le mot *progrès* est d'une origine
relativement récente. Les Romains ne s'en sont guère
servis que dans le sens matériel et les mots équivalents
n'ont jamais, dans l'antiquité, représenté l'idée que nous
y attachons, excepté peut-être dans le sanscrit, où cette
idée semble se rapporter au dogme de l'émanation perpétuelle. Tirer profit de la connaissance des choses,
épurer ses passions, orner son âme de vérités utiles ou
agréables, tout cela en vue seulement de sa propre perfection, même alors qu'on voulait plaire aux dieux, voilà
le but le plus élevé que se proposaient les anciens. Leur
éthique se résumait en un catéchisme utilitaire : les lois
positives ou le code suppléaient au reste ; la vertu elle-
même se confondait avec le sentiment de la dignité personnelle.

La concorde, l'union, la solidarité basée sur l'idée
de l'universalité humaine, n'avaient pas de mot pour
s'exprimer ; et elles ne pouvaient pas l'avoir dans un
monde où aucune collectivité sociale ne reconnaissait à
l'autre le droit d'exister et repoussait tout lien avec elle,
dont le dieu était l'antagoniste de son propre dieu. Les
ennemis qu'on ne pouvait détruire jouissaient du régime
de la tolérance ; les alliés provenaient de traités aux
clauses rigoureusement définies et toujours révocables :

les associés seuls étaient déjà entrés dans la période d'assimilation ou plutôt de soumission définitive.

Le plus grand souci des législateurs et des philosophes était de veiller avec soin aux institutions de la patrie et de les garder intactes. A leurs yeux, les Gracques, les Marius en étaient les vrais ennemis; et César même, s'il n'avait pas vaincu, triomphé, consolidé ses réformes, aurait passé pour un monstre qui avait attenté au salut du pays. On voulait perpétuer les lois et les mœurs justement pour perpétuer la patrie.

La première réalisation, je ne dirai pas de l'union, mais de la concorde entre les hommes, s'opéra grâce à la paix romaine, qui, en dépit des violences dont elle fut précédée et de ses résultats insuffisants, ne sera jamais assez admirée, parce qu'elle est restée jusqu'à ce jour l'unique effort tenté pour atteindre le but où tend la nature humaine.

Dans les deux premiers siècles de Rome, dans l'école d'Alexandrie, et dans celle d'Athènes également éclectique du quatrième siècle, l'amélioration morale de l'homme continue à être l'objet des méditations des écrivains, mais toujours de l'homme par rapport à soi, et aussi dans ses rapports avec son prochain, si l'on veut, mais jamais lié aux générations futures : c'est peut-être la collectivité, ce n'est pas la succession des hommes ; l'homme, mais non pas l'idée humaine. Comment les philosophes éminents qui, pareils à des phares inextinguibles, éclairent encore nos études, qui ont découvert tant de lois de la création, entrevu les atomes et l'attraction, pressenti la grande cause du mouvement, n'ont-ils pas consacré une seule pensée à ce monde merveilleux dont ils ont certainement contribué, sinon à élargir les limites, du moins à accélérer le développement? Et n'est-on pas encore plus surpris en songeant qu'une telle lacune se produisit chez ces Grecs et ces Romains, qui firent de l'homme le pivot pour ainsi dire de l'univers et la forme même des dieux?

Deux grands hommes d'État apparurent à quelques siècles de distance, Marc-Aurèle qui, l'un des derniers, gouverna l'ancien monde, et Cassiodore, ministre de l'un des premiers rois barbares qui réorganisèrent le monde nouveau. Celui-là, riche de toutes les connaissances recueillies dans la pleine lumière des âges d'or de Rome et de la Grèce, doué d'une intelligence aussi large que le théâtre où il brilla; celui-ci, plutôt orné de connaissances que pénétré de savoir, vivant dans les pâles lueurs d'un jour naissant et dans une humble sphère relativement à l'origine du trône rustique que, clerc modeste, il soutint de ses conseils. Or, comparez les écrits de ces deux hommes, et vous verrez combien différemment, en reportant leurs yeux sur leur vie si féconde pour le bien public, ils s'interrogèrent eux-mêmes au déclin de leurs jours, l'un pour résumer les résultats de sa propre sagesse, l'autre pour rechercher, au contraire, la cause des actions accomplies par lui. Le livre de Marc-Aurèle : *A moi-même*, présente le miroir de la froide raison qui surveille les actions, afin qu'elles ne nuisent pas à l'individu, ou, tout au plus, suivant Épictète son maître, il reflète la soumission absolue à Jupiter; tandis que le livre de Cassiodore : *De l'âme,* que mon cousin Stéphane de Rouville traduisait récemment en français, atteste le désir ardent du perfectionnement de l'esprit en dehors de tout calcul ou intérêt personnel. Le moi, équilibré dans un étroit circuit, est devenu véritablement l'âme qui aspire à s'étendre dans la sphère universelle des êtres, ses congénères.

Mais rien ne marque encore la plus faible intelligence du mot *progrès,* même transporté au moral, parce que ce mot exprime une idée neuve, dont les parents directs sont presque nos contemporains : l'idée, claire aujourd'hui, de la marche en avant ou du développement de notre être intime, dont quelqu'un pourrait encore nier la réalité, mais que personne ne peut désormais se refuser à comprendre.

Ce sont, au contraire, les limites de son application qu'on discute, ce sont les lois qui le régissent, les caractères particuliers et les conditions de son évolution, qui engendrent des doutes, des incertitudes, des opinions contradictoires; aussi toutes ces questions exigent-elles un sérieux examen et demandent-elles à être étudiées en détail, dans toutes leurs parties. Mais une fois démontrée graduellement dans toutes les catégories et les séries qu'il embrasse, l'existence du progrès moral sera prouvée avec pleine évidence et sans crainte d'équivoque.

CHAPITRE III

Il a été démontré dans le premier chapitre que, de même que tous les phénomènes sensibles, le moi pensant progresse nécessairement dans ses actes internes, des impressions ou sensations jusqu'à l'idée et à l'association d'idées. Or, étant donné un nombre d'individus humains vivant en société, si le progrès que nous venons d'énoncer se vérifie dans chacun d'eux en particulier, il doit se vérifier aussi dans tous en général et former une somme totale qui comprenne le contingent de chaque unité de cette société. Pour le prouver, il faut sans doute établir un mode quelconque de transmission des opérations internes de chacun d'eux à l'autre et de tous entre eux.

Ne voulant pas dépasser pour le moment la démonstration du progrès moral, qui se réalise immédiatement dans une collectivité d'hommes aussitôt constituée, je n'ai qu'à déterminer le mode ou l'organe au moyen duquel s'effectue la transmission du progrès. Le langage (qu'on m'accorde le fait évident sans en rechercher ici la genèse), le langage sert à communiquer les idées ; et c'est grâce à lui que les idées qui germent dans chacun pénètrent successivement dans les autres.

Il s'ensuit que, dans chaque moi individuel, outre ses propres sensations et idées, s'accumulent toutes celles qui lui sont communiquées par les autres, par ceux avec lesquels il se trouve en contact. L'acquisition du premier devient ainsi l'acquisition des seconds, et réciproquement. Et l'on supposerait en vain que, dans certains cas, une fois communiquées, ces acquisitions peuvent se perdre, car le langage, où elles ont passé pour être transmises à celui qui les a reçues, reste, et la conséquence ne change pas.

Si cela est vrai, non seulement l'ensemble des individus se trouve en possession de tout ce que chacun d'eux a produit par son propre travail intérieur, mais la possession commune ne cesse d'augmenter tant que durent les mêmes conditions d'association et de langage. Pour que le cas contraire se vérifiât, il faudrait que le total ne correspondît pas aux parties qui le composent, ou bien que le rapport entre des quantités égales, également accrues, ne restât pas toujours le même. Par conséquent, le progrès du moi collectif n'est pas moins certain que le progrès du moi individuel dont il émane, mais dont il se distingue dorénavant par le nouvel ordre de faits qui vient de se produire et qui, seulement pour cela, est plus justement appelé *progrès moral*.

CHAPITRE IV

L'homme se substitue à l'homme et prend place dans la collectivité, sans que celle-ci disparaisse jamais. Qu'on imagine tous les cataclysmes possibles, si un seul couple survit, la collectivité humaine ne s'interrompt pas et le mode de succession n'est pas changé.

De même que la substitution, la transmission du progrès s'opère d'une unité aux autres unités, et non pas d'une collectivité à une autre collectivité, l'organe de transmission, c'est-à-dire le langage, continuant à fonctionner de la même manière. Car le moi collectif se développe, il est vrai, au moyen du langage ; mais cet organe ou, pour être plus exact, ce soutien sensible de l'idée reste toujours individuel. Le moi collectif continue donc à grandir par le travail particulier des unités, mais il est incapable de communiquer lui-même ce travail, sa fonction étant celle d'un être qui se perpétue et non pas d'un être qui se reproduit. La succession ne peut s'effectuer que par la substitution. En effet, si la transmis-

sion s'arrêtait dans toutes les unités, le progrès s'arrê-
terait également. L'une des causes principales d'obscurité et de confusion lorsqu'on parle du progrès, c'est
d'en considérer le développement comme procédant
par générations, par groupes et masses sociales, tandis
que l'on n'a qu'à en suivre la marche naturelle pour
s'apercevoir qu'il procède nécessairement par unités distinctes.

La preuve de la transmission du progrès par collectivités a toujours manqué, et il n'en pouvait être autrement. Pierre Leroux crut trouver un argument, qui certes
était très ingénieux, dans l'*innéité*, et il exerça une
grande influence sur les hommes instruits de l'époque
où il soutint cette doctrine. Il essaya de prouver que
toute génération nouvelle et successive porte avec elle
une *innéité* différente, qui lui permet de se nourrir des
produits de ses ancêtres, ou de se les assimiler, c'est-
à-dire d'accroître le patrimoine de la vie : de même que,
dans l'échelle du règne animal, l'individu d'une espèce
dévore ceux d'une autre espèce. Chacun voit combien
est peu exacte la preuve d'analogie, puisque l'espèce
dans l'humanité est une seule et que dans le règne animal
elle est, au contraire, multiple. En outre, l'*innéité* étant,
dans les générations qui se succèdent, seulement différente, selon l'auteur, et non pas supérieure, elle ne prouverait jamais le progrès : elle révélerait tout au plus, si l'on
pouvait l'admettre, un mode de développement organique.

« Grandir, s'écriait Eugène Pelletan dans les discussions que suscita cette théorie, grandir pour mourir, ce n'est pas du progrès ! » Et il concluait en faveur de l'immortalité de l'âme.

Je me sers de cette seconde citation justement pour examiner quelle est la valeur de l'immortalité de l'âme en tant que preuve du progrès, vu l'importance apparente de cet argument et le nombre très grand de ceux qui n'en demandent pas un meilleur. Qu'on sépare de l'âme, avant tout, l'attribut de l'immortalité, afin que l'immortalité ne paraisse pas expliquer comme elle n'expliquerait point le progrès. Car je ne pense pas qu'il vienne à l'esprit de personne que l'immortalité de l'âme existe à cause du progrès, ni que le progrès s'accomplisse parce que l'âme est immortelle. Si l'âme existe, elle existe en elle-même, par sa propre vertu, indépendamment de tout élément extérieur. Après cela, que l'âme soit l'un des facteurs du progrès et que ses facultés soient mises en activité, développées même par le progrès, c'est précisément ce qu'il s'agit de démontrer et ce que je tâche de faire dans ce discours, en établissant la marche et par suite l'essence du progrès moral.

On chercherait enfin vainement la voie par laquelle se ferait, d'une collectivité à l'autre, la transmission d'une conquête morale, parce que, pour effectuer un pareil passage, on ne trouve dans les collectivités aucune faculté qui leur soit propre et n'appartienne pas aux éléments qui les composent. La recherche en serait d'ailleurs superflue, attendu qu'il résulte de nos déductions précédentes que la substitution s'opère par unités ou individus et que la transmission a lieu directement, je dirais presque en ligne descendante et collatérale.

CHAPITRE V

La collectivité se perpétuant par l'introduction constante et successive de nouvelles unités, lesquelles se substituent à celles qui disparaissent, la transmission du progrès est par suite extensible, intermittente et, à cause de cela, inégale.

Elle s'étend ou se multiplie, même en admettant que le nombre des individus qui se remplacent ne varie point, parce que, si le chiffre qui les résume reste identique, la quantité qui exprime le contingent apporté par eux augmente, au contraire, la valeur déjà existante d'un de plus à chaque substitution individuelle et successive. Le résultat s'obtient par les transmissions déjà effectuées, depuis que s'est formée la collectivité, et non pas par les unités qui composent cette dernière. C'est là le signe exclusif et originaire du progrès, qui, dès ses premières manifestations, exprime l'idée d'acquisition et d'accroissement, et nous sommes dès lors assurés, en le reconnaissant, que le chemin suivi dans nos recherches nous conduit à la vérité.

Le progrès est intermittent ou discontinu par sa nature propre et en vertu de l'opération même par laquelle la transmission s'effectue, c'est-à-dire par intervalles et successivement, non pas simultanément et continûment. Même si elle pouvait s'effectuer sans interruption entre des unités parallèles et coexistantes, elle ne peut plus être continue, s'il survient des unités nouvelles, d'un autre plan ou successivement. Le continu, à la vérité, se conçoit comme distinct, mais jamais comme séparé. Au contraire, les actes d'ordre successif restent séparés, et la transmission du progrès ne s'opère pas autrement. Retenons bien cette propriété à cause des déductions fécondes que nous en pourrons tirer plus tard.

C'est pour cela que le développement du progrès moral, qui n'est ici autre chose que la transmission, devient inégal dans la manière dont il procède, quoiqu'il soit identique dans son essence : ainsi la ligne en changeant de direction et le chiffre en changeant de place ne changent pour cela, ni l'un ni l'autre, de nature.

Maintenant que nous connaissons le phénomène et que sa manière constante de procéder est manifeste, il faut rechercher l'essence des éléments qui le constituent.

LIVRE II

LES PHÉNOMÈNES APPARENTS DE LA NATURE
EN CONTACT AVEC LES SENS

CHAPITRE I

LA TERRE ET L'UNIVERS DEVANT L'HOMME.

Combien l'attention de l'homme n'est-elle pas attirée
par le soleil qui éclaire son séjour et par cette infinité
d'objets auxquels le rattachent des rapports si étroits!
Dans le cercle immense que l'horizon décrit autour de lui,
les heures, les minutes, les secondes, varient graduellement sous son regard, et les couleurs changent sans
cesse, réfléchies depuis la ceinture des mers jusqu'à
l'extrémité des roches qui forment la pointe des montagnes. De toutes parts, dans les plaines et sur le pen-
chant des collines, ondulent les plantes qui renferment
des graines d'espèces diverses, se pressent les arbres qui
offrent des fruits innombrables et si différents entre eux
de forme, de volume, de coloris. En foule, de tous
côtés, groupés ou isolés, rôdent les animaux, ceux-ci
marchant d'une allure lente ou rapide, ceux-là glissant
dans les eaux, d'autres fendant les airs de leur vol. Enfin,
à la grande voix qui s'élève de l'Océan, au sifflement
que font entendre les forêts, au doux murmure des
arbrisseaux et des herbes, se joignent, articulés de mille

manières, les accents émis par les êtres animés. Et si, tout à l'heure, sa vue était charmée par l'harmonie des couleurs, maintenant, son oreille est ravie par l'harmonie des sons.

C'est lui qui fauchera les moissons dorées et qui vendangera les vignes vermeilles ; c'est lui qui cueillera les fruits diaprés, qui asservira les troupeaux et domptera les bêtes sauvages. Il pénétrera dans les entrailles de la terre ; il franchira les monts, il traversera les déserts, il fera voguer ses navires sur les océans. Ni les glaces polaires ne pourront lui soustraire sa chaleur vitale, ni les régions équatoriales le consumer de leurs feux ; aussi loin qu'il avancera dans toutes les directions sur ce globe, il trouvera toujours et partout la nature terrestre disposée à le reconnaître pour son seigneur absolu. Il n'est pas un arbre, une plante, un marbre, un métal, un être vivant, qui ne doive contribuer à son bonheur. Le feu caché et mystérieux, l'air impalpable, l'eau fugitive seront ses serviteurs. Les corps se décomposeront, se reformeront, se transformeront sous ses mains ; ceux mêmes que l'œil ne peut percevoir revêtiront, grâce à lui, des apparences admirables.

Quand, le soir venu, l'ombre descend sur la terre, un tout autre et plus merveilleux spectacle s'offre à l'observation de l'homme, à qui se dévoile un nouveau domaine infini, dont sa personne ne pourra pas s'emparer directement, il est vrai, mais que son esprit saura s'assimiler et s'approprier pour agrandir les richesses accumulées de

son patrimoine terrestre. Il n'est donné qu'à lui seul ici-
bas de contempler et de comprendre à la fois l'immense
voûte éthérée, couverte de clartés disséminées en plusieurs groupes, avec des mouvements, des contours, des
couleurs variées, et qui, solitaires ou jumelles, semblent
rester immobiles, errer ou tourner perpétuellement en
augmentant de splendeur, à mesure qu'elles s'avancent
vers le midi. Lui seul distingue le soleil diurne et, par
la comparaison des planètes voisines, les étoiles, semblables au soleil, perdues à des millions de millions de
lieues dans les abîmes de l'empyrée; lui seul sait que
la poussière argentée qui remplit les espaces incommen-
surables de l'éther le plus profond est un amas d'astres
étincelants. Comme avec raison le verset biblique a
affirmé que les cieux racontent la gloire du Créateur !
Avec non moins de raison, les anciens sages ont imaginé
que, dans les cieux, grâce aux sphères mélodieuses qui s'y
concentrent, règne une harmonie perpétuelle. N'est-ce
pas dans le ciel, en effet, qu'on voit l'accord parfait de
l'ensemble des choses ? Et qu'est-ce que cet accord, sinon
la plus ineffable des harmonies ?

L'homme apprendra du ciel à mieux connaître le
milieu de son existence, à mieux saisir la forme du
globe qu'il habite, à en mesurer le volume, à en découvrir
les grands mouvements distincts qui forment le cours
des jours et des années. Par la contemplation du firmament, il se rendra compte des vicissitudes des saisons
dans les différentes parties de la terre, et il aura l'expli-

cation de l'oscillation alternative des eaux de l'Océan. Il saura ainsi se guider dans l'industrie agricole et se diriger dans ses voyages lointains, car il verra également tracées sur la face du ciel et les routes de la mer, qu'obscurcissent des tempêtes éternelles, et les routes des déserts les plus épouvantablement uniformes.

Mais si le ciel l'instruit sur la terre, la terre lui dévoile à son tour les mystères du ciel, tellement l'enchaînement des choses est général et parfait ! La mesure d'un faible rayon qui traverse sa demeure lui fournit la mesure des distances des astres les plus reculés; la connaissance des métaux terrestres le renseigne sur les métaux qui constituent les corps célestes; enfin, de l'humble caillou qui tombe près de lui sur le sol, il apprend le secret du mécanisme divin qui transporte dans une course perpétuelle des mondes infinis subordonnés les uns aux autres par un mystérieux lien.

Telle, en présence de l'homme, se déroule la nature.

CHAPITRE II

Supposons un instant que tant de merveilles fussent
perçues par l'homme seulement parce qu'elles sont reproduites dans ses sens, comme les images des corps
sur une toile, un miroir ou la surface de l'eau, c'est-
à-dire comme des impressions fugitives qui ne laissent
point de trace derrière elles. Il en résulterait que l'homme
acquerrait momentanément la connaissance des objets qui
l'environnent, sans que ses sens exerçassent eux-mêmes
aucune action propre, sans qu'ils eussent à modifier d'aucune sorte l'impression reçue, et sans que, de cette communication de la nature à l'homme, il naquît aucun nouvel ordre de phénomènes, en dehors des phénomènes de
réflexion ou de réfraction que produisent ordinairement
les rayons lorsqu'ils rencontrent un autre corps. Dans
cette supposition, la nature seule paraîtrait active.

Mais c'est tout le contraire qui a lieu. Pour qu'il y
ait perception, il faut que l'image ou l'impression, non
seulement s'adapte au réceptacle compliqué auquel elle
se présente, mais il est nécessaire qu'elle s'introduise

successivement dans chacune des nombreuses parties internes de l'organe sensitif, en subissant plusieurs phases, à cause des différentes compositions ou dispositions qui forment l'organe entier.

Qu'on prenne la coupe transversale de l'œil, suivant Helmholtz, et qu'on observe combien de membranes, combien d'organes distincts s'y succèdent, depuis le muscle comprimant la choroïde jusqu'à la rétine ! En laissant de côté quelques-unes des membranes moins importantes, le rayon lumineux est obligé, avant de frapper la rétine, de traverser d'abord l'humeur aqueuse, puis le cristallin, enfin l'humeur vitrée, chacune de forme et de substance différentes. Le cristallin est plus convexe à sa face postérieure qu'à l'antérieure, plus dense au centre qu'à la périphérie, et, de plus, rayé de fibres concentriques, tandis que le corps vitré, concave et sphérique, est composé d'une substance gélatineuse. L'iris, au contraire, ce régulateur de la lumière, et la choroïde, sont composés d'une matière colorante, distribuée dans de petites cellules, à la façon d'une mosaïque. En outre, cette merveilleuse rétine, sur laquelle se produisent les impressions lumineuses, et qui, au premier abord, semble un tissu très fin de fibres dans lesquelles se ramifie le nerf optique, n'est-elle pas elle-même un composé d'organes d'une extrême délicatesse, très différents les uns des autres, de forme comme de substance ? A l'aide du microscope — en prenant pour guide Max Schultze — on y découvre jusqu'à neuf couches très minces : la première, de fibres nerveuses ; la deuxième, de cellules ganglionnaires; quelques autres, intermédiaires et dissemblables, de granulations; enfin, l'avant-dernière, presque externe, la plus singulière de toutes, est composée de petites lances ou bâtonnets transparents, libres entre eux, et d'autres petits corps plus larges à leur base, appelés pour cela des cônes. Le réseau de ces bâtonnets et de ces cônes qui, plus serré à mesure qu'il entoure et presse le sein de la tache jaune, était regardé déjà comme le point le plus intense de la vision, est devenu récemment le champ de nouvelles études ayant pour but d'en expliquer le mécanisme définitif. Tous ces organes, si délicats, contribuent, chacun pour sa part, à reproduire l'image du rayon lumineux qui, en les traversant, a éveillé leur impressionnabilité.

Il en est de même de l'oreille, sans parler des organes des autres sens, qui, à la vérité, sont moins compliqués que ceux de la vue et de l'ouïe. Pour arriver du conduit auditif au labyrinthe, où se transmet le son, que de membranes et de parties osseuses différemment construites, que de singuliers pertuis et que de milieux, remplis d'air et d'un liquide particulier, ne faut-il pas traverser? D'abord, la membrane du tympan est arrondie et tendue comme une voile à l'extérieur, tandis que le revers concave a la forme d'un entonnoir. Vient ensuite une cavité sphérique osseuse remplie d'air, où se trouve l'appareil articulé des quatre osselets de l'ouïe, c'est-à-dire le marteau, l'enclume, le lenticulaire et l'étrier, avec les membranes qui en sont les appendices. Ces osselets, tout en agissant simultanément comme un système complet de leviers, opèrent aussi des mouvements particuliers à chacun d'eux ; en même temps qu'ils sont enchaînés l'un à l'autre, ils s'emboîtent dans les diverses membranes et dans les muscles adjacents ; ils s'attachent enfin, par des liens flexibles, à quelques points osseux de la conque tympanique. De celle-ci part et s'ouvre ensuite, inférieurement, un canal musculaire et cartilagineux, qui, en s'élargissant circulairement, va se joindre avec le conduit pharyngien : c'est la trompe connue d'Eustache, laquelle, selon l'observation faite dès le seizième siècle par Vesale, sert à régler la pression de l'air intérieur nécessaire aux phénomènes vibratoires du tympan.

Et le mécanisme de l'ouïe ne finit pas là ; c'est là, au contraire, qu'il se complique davantage. Dans la même cavité se trouvent deux ouvertures : la fenêtre ovale et la fenêtre ronde, garnies toutes les deux d'une membrane qui conduit dans la dernière partie et la plus secrète du réceptacle acoustique, c'est-à-dire le labyrinthe, presque indescriptible, si multiples en sont les méandres, et si diverses et si entrelacées entre elles les substances délicates qui le composent ! Dans ce sanctuaire mystérieux est renfermé un liquide particulier, le liquide labyrinthique, qui circule, monte, descend, s'avance et recule, suivant les impulsions que lui communiquent les appareils qui le précèdent ; pareil à l'eau paisible qui, au fond d'une grotte souterraine, est agitée par les ondulations de l'air pénétrant au travers d'étroites ouvertures.

Quelques physiologistes pensent aujourd'hui que là réside le sens de l'orientation ; mais ils ont à démontrer de quelle manière il se rattache à l'ouïe, car le labyrinthe et toutes ses parties appartiennent essentiellement à l'organe de ce dernier sens.

Les deux fenêtres, l'une ovale et l'autre ronde, quoique voilées par une membrane, communiquent avec l'espace central du labyrinthe, appelé pour cela vestibule, et qui lui-même est divisé en deux arcs. Par l'un de ces arcs, on pénètre dans le fameux colimaçon, où s'enroule une spirale de deux tours et demi avec une cloison osseuse qui partage l'axe en deux parties, ou en deux rampes. L'autre arc du vestibule mène aux trois canaux semi-circulaires, dont deux sont perpendiculaires au troisième, avec un orifice s'élargissant aux bords en forme de bouteille. Si les parois externes de l'admirable enceinte sont osseuses, elles sont, au contraire, tapissées intérieurement par des membranes singulières de forme et de substance, qui forment des conduits concaves dans lesquels est renfermé le liquide labyrinthique. Or, ces membranes contiennent de petits corps très menus de la plus grande valeur acoustique, une sorte de cils qui vibrent en s'abaissant et se relevant sur les bords des canaux semi-circulaires ; elles contiennent, en outre, certains organes encore plus singuliers, appelés, du nom du savant qui les a découverts, organes de Corti. Les arcs de Corti, car telle est leur forme, s'ils pouvaient être observés du haut en bas et superposés comme ils le sont aux tissus

de la membrane basilaire, qui est là composée de fibres
allongées horizontalement et de plusieurs rangées de cellules s'élargissant graduellement, offriraient l'aspect de
l'intérieur d'un piano (1). Enfin, autour de ces organes,
parmi ces membranes et affleurant ce liquide, aboutissent
les faisceaux capillaires du nerf acoustique, de la même
manière que le nerf optique dissémine les siens dans
l'épaisseur profonde de la rétine, afin de reproduire le
son au moyen de l'opération à laquelle l'ont soumis, dans
ses passages, les appareils de l'ouïe.

(1) J'emprunte cette comparaison et une partie de ma description
à l'excellent traité de S. Bernstein, *les Sens*.

CHAPITRE III

La sensation commence, à la vérité, lorsque l'image
de la nature se présente à la limite externe des organes
sensitifs; mais, pour que la perception ait lieu, il faut que
cette image ait passé à travers les dédales ci-dessus
décrits de l'organe, et qu'elle soit mise en présence du
sensorium, quel que soit son dernier agent conducteur
et quel que puisse être ce centre sensorial où elle parvient.

Ce n'est pas seulement le mode de transmission qui
est changé, parce que les conducteurs de l'image dans
l'intérieur de l'organe ne sont plus ceux dont la nature
dispose hors de lui, mais la substance du phénomène
transmis peut être elle-même considérée avec raison
comme changée dans les opérations répétées qu'elle
subit au contact des tissus qu'elle traverse et par lesquels elle est, pour ainsi dire, forcée de se transfuser. La
physique, la chimie, la pathologie nous montrent des
modifications importantes amenées par des contacts et
des passages certainement moins considérables.

Pour que cela ne fût pas, il faudrait que l'impression de la nature fût transmise directement au centre sensorial; et, alors, pourquoi les appareils surprenants de l'œil, de l'oreille et des autres sens? Ou bien, il faudrait admettre que tous les corps sont identiques, et plus particulièrement que les objets externes et la substance des organes internes possèdent en commun les mêmes propriétés, les mêmes caractères et les mêmes fonctions. Les couleurs qui, en physique, n'ont entre elles d'autre distinction que celle d'ondulations plus courtes ou plus longues, sont réellement des couleurs dans l'œil; les rayons du spectre sont perçus par cet organe d'une façon totalement différente des rayons analysés physiquement. Il en est de même du son. Les vibrations du son ne sont que des dilatations et des concentrations de l'air qui se font circulairement et qui ne se distinguent entre elles que par l'ampleur et la rapidité, tandis que l'oreille, mise en vibration par un corps élastique extérieur, perçoit un vrai son.

Il arrive, en outre, que les phénomènes de la nature exercent ailleurs des actions qu'ils n'exercent pas dans les organes sensitifs, en même temps qu'ils font naître dans ces organes des effets et des séries d'effets qu'ils ne produisent pas ailleurs.

Tous les rayons lumineux qui existent et que l'on constate dans la nature ne sont pas visibles pour l'œil; et, d'après les dernières expériences de Coutby, il semblerait que c'est le cristallin qui limite le spectre vi-

sible ; d'autre part, la lumière n'use pas l'œil, comme
elle use les autres corps avec lesquels elle se trouve en
contact. De plus, l'image qu'en reçoivent ces corps n'est
point celle qu'en reçoit l'œil, où elle apparaît colorée
à l'infini et en relief ou, plutôt, dans l'isolement de tout
autre objet, contrairement à ce qui a lieu même sur la
plaque photographique, malgré tous les secours de la
chimie. Parfois nos organes sont incapables de tout reproduire, et parfois ils reproduisent plus que les impressions reçues.

Si quelques théories de physiologistes sont erronées
— et elles le sont justement par rapport aux principes
mêmes de la physiologie, alors qu'elles prétendent que les
images extérieures se communiquent immédiatement au
centre sensorial — les théories de certains idéologues,
parmi lesquels Descartes lui-même, qui, pour expliquer
les phénomènes de l'âme, pensait pouvoir faire abstraction du monde extérieur, sont également inexactes
et contraires à l'évidence des observations.

Non seulement les sens sont excités par la nature environnante, mais les sensations sont provoquées, alimentées
et produites par elle. L'objectivité de la nature est constante dans les sensations tant que les images reçues
ne sont pas transformées dans l'organe sensitif.

La difficulté immense que rencontrèrent les scolastiques, dans l'état misérable des études physiques à leur
époque, pour expliquer le passage de l'image externe
à la vision interne, leur suggéra l'idée d'un agent di-

vin ; et il devait être divin, en effet, l'agent de la transformation de deux substances aussi diverses que la matière et l'esprit. Car la perception des sensations était considérée par eux comme une propriété de l'esprit, même chez les animaux, malgré la différence de l'esprit de ces derniers et de celui de l'homme. Mais si la formation des sensations reste encore aujourd'hui obscure, il est néanmoins évident que leur développement appartient tout entier aux phénomènes organiques, sur lesquels on peut fixer l'épingle et appuyer le scalpel.

Cependant, les scolastiques, observateurs plus attentifs de la nature qu'on ne l'admet bien injustement de nos jours, comprirent que l'image externe subissait, une fois arrivée dans les organes internes, une transformation substantielle. Le mystère que l'insuffisance des connaissances scientifiques ne permit pas de dissiper à cette éminente école — à laquelle il faudra redemander l'art du pur raisonnement et l'exemple des grandes synthèses, quand l'ère actuelle d'observation sera écoulée — ce mystère est aujourd'hui en grande partie éclairci.

Il s'est éclairci grâce à la découverte de tissus et à la révélation d'organes que personne ne soupçonnait dans les profondes couches sensitives, grâce aussi à la propriété reconnue dans les corps d'agir et de réagir par des molécules, non seulement selon leurs qualités, mais encore selon leurs positions. Une preuve enfin, d'ordre négatif, il est vrai, mais toute spéciale au genre de phénomènes dont nous parlons, vient démontrer la con-

nexion et la continuité non interrompues des phénomènes
sensitifs. Par l'effet des agents anesthésiques, l'éther et
le chloroforme, le centre sensorial et la conscience des
sens sont paralysés en même temps, avant même que
les appareils ou systèmes sensitifs. Il résulte de ce fait
que l'action d'un agent externe, en se décomposant ou
en se transformant, mais en conservant certaines de ses
qualités particulières, pénètre jusqu'au point où sont
recueillis et perçus les objets sentis.

A l'effet du monde extérieur, lequel agit sur les sens
tel qu'il est, se substitue donc l'action inhérente et
propre aux organes internes qui, probablement, décom-
posent selon leur nature et, en tout cas, traduisent les
impressions reçues afin que le centre, où ils aboutissent,
les perçoive. Les sens deviennent donc à leur tour actifs,
et des impressions de la nature ambiante acquises par
eux ils forment la base d'accroissements ultérieurs de
phénomènes internes qui sont l'œuvre de leur énergie
particulière, telles que la mémoire et l'imagination.

La subjectivité, transférée dans les organes sensitifs,
n'est pas la seule conséquence qu'on puisse tirer des
choses que nous venons de déduire. Il y a un autre phénomène dont il faut tenir compte, c'est-à-dire la diversité
de perception qui, d'un même objet de la nature, se
forme en chaque individu organique animal. La nature
une se reproduit aussi *multiple* que les êtres sensibles,
chacun d'eux y ajoutant quelque chose de sa propre
individualité.

CHAPITRE IV

HYPOTHÈSE DE L'UNITÉ DES SENS.

Les impressions externes pourraient-elles se reproduire dans les réceptacles internes des sens, si elles n'y trouvaient pas des propriétés correspondantes? La négative est nécessairement l'unique réponse à une telle question. Les organes sensitifs ne parviendraient pas à recevoir des impressions externes, si par leur forme, par leur structure et leurs propriétés, ils n'étaient pas aptes à les recevoir.

N'est-il pas vrai, d'autre part, que seule la présence immédiate d'un objet produit l'impression sur les sens? Tout ce qui, par sa distance ou par l'interposition d'un obstacle, ne frappe pas les sens, les laisse indifférents et en repos.

Mais y a-t-il une autre action, en dehors de celle du choc, de la rencontre ou du contact, par laquelle un corps puisse être mis en communication avec un autre corps, soit directement, soit par un agent intermédiaire? Quelle que soit la nature intime des corps aptes à se pénétrer l'un l'autre, la manière dont cette pénétration

s'opère ne peut être que celle d'une action mécanique,
c'est-à-dire le transfert de la propriété d'une substance à
une autre substance.

Or, en se reportant aux phénomènes d'ordre physiologique — choc, rencontre, osculation, superposition,
pénétration — ou quel que soit l'acte par lequel les effets
des objets extérieurs se transfèrent dans les organes des
sens, qu'est-ce autre chose que le *tact*, dans son accep-
tion la plus générale? Les impressions produites sur
l'épiderme par les propriétés et les contours d'un objet
en contact avec lui ne s'effectuent pas autrement, quant
à la manière, que les impressions produites dans la rétine de l'œil par un trait lumineux, dans le tympan de
l'oreille par un son, dans l'organe olfactif par une odeur,
dans celui du goût par une saveur. En effet, une couleur
pourrait-elle être vue, si le rayon qui la conduit, ou
pour mieux dire, qui l'exprime n'atteignait pas l'œil en
touchant la rétine et les membranes qui la précèdent?
Il en est de même du son et des impressions de l'odorat
ou du goût.

Et l'on comprend qu'il n'en pourrait être autrement, si
l'on tient compte et des lois physiques qui président aux
phénomènes extérieurs et de la structure même des organes sensitifs. D'une part — pour ne parler d'abord que
de la vue et de l'ouïe — indépendamment des mécanismes
de l'œil et de l'oreille, la physique a constaté que les
rayons lumineux procèdent par ondulations d'une longueur inégale selon les couleurs, et les sons par contrac-

tions d'ondulations qui varient de largeur et de vitesse. D'autre part, les réceptacles de la vue présentent des membranes aptes à réfracter et des corpuscules, pareils à de petits bâtons et à des cônes adhérents à la rétine, aptes à être impressionnés; en même temps que les réceptacles de l'ouïe offrent des instruments à répercussion, tels que la conque du tympan, les arcs et les grilles vibratoires. Les uns et les autres sont évidemment soumis à une action mécanique. L'action mécanique seule produit les phénomènes externes relatifs à l'œil et à l'oreille, et c'est seulement pour être influencés par elle que sont constitués les appareils des systèmes sensitifs.

Quant aux phénomènes et aux organes de l'odorat et du goût, bien que jusqu'à ce jour on les ait étudiés avec moins de précision, quel doute peut-on avoir que les impressions ne procèdent de la même manière? Les corps d'où s'exhalent des odeurs et d'où émanent des saveurs ne semblent-ils pas, en effet, être entourés d'une atmosphère spéciale ou d'une poussière, d'où se détachent sans cesse, en fractions excessivement ténues, des particules qui vont toucher les cils de l'odorat et les papilles du palais, ou les cellules de la langue?

Les expériences de Crookes ont démontré plus que jamais la divisibilité à l'infini des particules qui composent les corps les plus aériformes. Et ce qui prouve que la saveur et l'odeur résident plutôt dans les enveloppes volatiles des corps que dans les corps eux-mêmes, c'est le fait constant que les émanations de certains fruits et de certaines fleurs s'évanouissent, quoique la substance qui semblait les produire continue à subsister. Les odeurs et les saveurs auront peut-être un jour leur gamme graduelle, comme la gamme spectrale des couleurs, la gamme tonique des sons et toutes les autres échelles dans lesquelles se divisent les propriétés des corps qui peuvent se trouver en contact avec les sens.

Il faut en dire autant, plus particulièrement, de la série des impressions thermiques ou de chaleur, que l'on comprend inexactement dans celles du tact. Ces impressions résultent du mouvement inhérent au corps qui les fait naître, mais elles manquent apparemment d'organes propres : ce qui démontrerait, mieux que toute autre preuve, que l'action mécanique est l'intermédiaire naturel entre les objets extérieurs et les sens.

Si les impressions se forment de cette manière, les images internes provoquées par elles ne se produisent pas autrement, et elles ne sont pas transmises autrement au centre sensorial qui les perçoit.

Les appareils sensitifs diffèrent entre eux et de forme et de substance, mais ils ont tous un seul et même agent qui les met en communication directe avec le centre de perception, soit que celui-ci réside dans la masse générale du cerveau, ou dans une de ses parties. L'anatomie et la physiologie nous démontrent sans hésitation que cet agent n'est autre que le système nerveux. Or, les nerfs, depuis le tronc principal jusqu'aux dernières ramifications de leurs fils innombrables, si fins et si serrés, sont d'une matière et d'une structure identiques. Une seule propriété leur a été jusqu'à présent reconnue : l'irritabilité ou l'excitation, propriété exclusivement sujette à l'action mécanique.

Les nerfs, qui certainement transmettent les sensations, restent indifférents à l'action complexe qu'ils reçoivent ; puisqu'il est certain que le nerf optique est par lui-même insensible à la lumière et le nerf acoustique au son. Il reste à connaître de quelle manière l'irritation des nerfs conducteurs excite la perception dans le centre sensitif ; mais il est évident que l'irritation est l'unique intermédiaire qui existe entre les organes et leur centre.

Quelques physiologistes pensent que le centre des sens reçoit et distingue les images formées dans les organes sensitifs, au moyen de la différence ou de la gradation de l'irritation nerveuse ; mais cette explication ne saurait contenter une raison sévère. Les images de la nature seraient alors traduites par des signes, à la façon du télégraphe, chacun desquels devrait être suivi d'une opération nouvelle qui reconstituât la sensation.

L'irritabilité des nerfs n'est peut-être que la cause immédiate de l'activité où serait mis un autre agent, qui, dans l'état actuel de la science, reste encore mystérieux, mais qui, en relation avec la substance des organes sensitifs et avec la substance de leur centre, présenterait à celui-ci les images formées par ceux-là. Les nerfs, dans ce cas, grâce à la cavité qu'ils renferment invariablement, seraient l'enveloppe de l'agent suprême et direct des sens produit par l'action des organes, un fluide ou n'importe quelle substance éthérée. Ils serviraient, en outre, à conduire par leur irritabilité, et à mesurer l'activité de cet agent, aussi bien lorsque les sens sont excités nécessairement par les objets extérieurs, que lorsque, au contraire, ils sont délibérément ou par volition poussés et dirigés vers eux par le centre sensitif. La propriété de ce transmetteur occulte doit également correspondre et à la propriété des organes et à celle du centre avec lequel il est mis en communication. L'astronomie a dû admettre l'éther pour expliquer les actions et les réactions des corps célestes. Pourquoi le fluide nerveux dans son élasticité, dans sa pression et dans l'assimilation des images déjà élaborées par les organes internes, rencontrerait-il de plus fortes objections?

De toute façon, les sensations externes, quoique si diverses et si distinctes entre elles dans toutes leurs phases ou transitions, depuis la première impression de l'objet jusqu'à sa perception complète, s'opèrent, *s'induisent* en quelque sorte par l'énergie mécanique, et procèdent uniformément de la seule manière dans laquelle se résout cette énergie ou action, lorsque, en poussant deux corps l'un contre l'autre, a lieu le rapprochement ou le choc : ce que pour le moment, en l'appliquant aux phénomènes physiologiques des sensations, je demande la permission d'appeler le *tact ;* car c'est au tact, répandu par tout le corps organique animal, que se réduit, en effet, toute sensation.

Si, grâce à la déduction que nous venons d'exposer, on considère comme suffisamment démontrée la modalité de la genèse des sensations externes, on peut considérer comme également démontrées les trois propositions suivantes qui sont d'une importance capitale dans l'étude des sensations, à savoir : l'origine des sensations résidant dans les objets extérieurs; la corrélation intime existant entre elles; l'unité de leur centre.

Les images perçues sont réellement celles des objets extérieurs, quelles que soient les modifications ou, pour mieux dire, les traductions subies dans les organes internes, car elles ne résument que la pénétration même du corps, qu'elles représentent décomposé peut-être, et peut-être recomposé moyennant une autre forme, mais toujours identique dans sa nature. Qu'on exclue, au contraire, l'énergie mécanique comme mode ou moyen unique et constant de transmission des phénomènes sensitifs, et l'on rendra impossible toute preuve que l'image sentie soit celle d'un objet qui a frappé les sens.

Il existe aussi entre les sensations, par suite de leur manière commune de procéder, un rapport qui permet de relier, par l'évocation de la mémoire, la sensation présente d'un ordre ou d'un organe donné à d'autres sensations appartenant à des organes différents.

L'instantanéité et la sûreté avec lesquelles, dans la perception d'un son, d'une couleur, d'une odeur ou d'une saveur, on évoque les autres qualités précédemment reconnues d'un même objet, seraient impossibles à expliquer, si, dans chacun des sens, il n'existait une disposition à se représenter en quelque sorte l'image produite dans tous les autres.

Que, laissant de côté les calculs de millièmes de seconde auxquels on s'est livré pour mesurer les opérations de l'esprit, on se borne, pour un instant, à ne tenir compte que de ceux que l'on a faits pour déterminer le temps des sensations, et, avec plus de raison, pour mesurer les émotions (calculs qui reposent sur l'ingénieuse expérience du docteur Mosso, de Turin); les millièmes de seconde ne seraient-ils pas en retard sur la foudroyante évocation des multiples propriétés de tous les corps qui s'unissent pour présenter, par exemple, l'image complexe d'une explosion, lorsque celle-ci est perçue? Quel dédale de courbes, quelle somme de chiffres ne serait-il pas nécessaire de tracer, surtout si l'on admettait la localisation des sens? Et encore, il serait plus facile d'expliquer l'instantanéité que de prouver la vérité des images évoquées et de leurs propriétés unies à celles de l'image présente. En entendant un son, en respirant un parfum, en goûtant une saveur, on a immédiatement la vue de l'objet qui produit ces impressions, avec une intensité qui ne paraît pas pouvoir se concilier avec des images déposées dans la mémoire et, par conséquent, presque mortes.

Des associations d'idées, ou plus exactement, dans le cas actuel, d'impressions, pas plus que l'éducation des sens et l'expérience des sensations ne suffiraient ni à ranimer cette puissance d'impressions ni à assurer cette communion de propriétés. Pour que les images évoquées se présentent de nouveau instantanées et certaines, il faut qu'un acte d'une nouvelle sensation, quoique plus faible, les ait relevées de l'état d'inertie ou d'indifférence où elles gisaient et les ait, pour ainsi dire, revivifiées. C'est ce qui arrive, en effet, par la raison que tous les sens sont sujets à la modalité de l'action qui se résout dans le tact et qui, non seulement impressionne le sens actuellement en présence de l'objet extérieur, mais en même temps, bien qu'à des degrés moindres et divers, tous les autres sens.

Les sensations, enfin, ne peuvent avoir qu'un seul centre, parce que la communication des nerfs avec la substance cérébrale étant l'effet exclusif de la modalité qui les a accompagnées dans les phases précédentes, cette dernière continue nécessairement à agir dans les molécules de l'encéphale, jusqu'à ce qu'il en résulte, comme une synthèse ou une association de chaque sensation, la perception complète, une et consciente.

Nous ne pouvons dire à quels points de la masse cérébrale aboutissent définitivement les derniers fils nerveux qui des organes sensitifs s'y ramifient en foule et d'une manière inextricable, mais évidemment ils pénètrent dans l'encéphale après avoir traversé tous les tissus, toutes les membranes et tous les ganglions qui le précèdent. Si l'on supposait le contraire, il s'ensuivrait que ce n'est pas dans le cerveau que l'on sent et que ce ne

sont pas les nerfs qui transmettent les sensations. Mais
la propriété des nerfs, produit exclusif de cette énergie
mécanique qui sensitivement se résout en tact, est une
seule : l'irritabilité ou l'excitabilité. Or, pour que cette
propriété des derniers transmetteurs puisse fonctionner
dans la région des perceptions, il est nécessaire qu'elle
trouve dans cette dernière une propriété correspondante
à la sienne. En effet, la substance de l'encéphale, qui est
invariablement la même, des hémisphères à la moelle
allongée et dans les lobes, dans les cercles, les sillons,
les protubérances, les sinuosités et autres divisions, ne
peut se diversifier que par la structure ou, pour mieux
dire, par la disposition des particules qui la composent,
et pour cette raison, elle n'est susceptible d'être in-
fluencée que seulement par une action mécanique.

Ici se présente une question : de quelle manière s'effectuent les communications directes des nerfs avec le cerveau? Elles peuvent s'effectuer de trois manières : la
communication peut avoir lieu ou en plusieurs points,
c'est-à-dire dans les points où viennent aboutir les nerfs ;
ou dans tous les points de la masse encéphalique ; ou
dans un seul point de cette masse.

Dans la première hypothèse, il en résulterait que la
communication ayant lieu dans les points terminaux des
nerfs, la communication des sons resterait séparée de celle
des couleurs, qui, elle-même, le serait de celle des odeurs,
de celle des saveurs, de celle des contacts. Bien plus,
les diverses communications de l'ouïe se diviseraient

elles-mêmes, auraient lieu sur plusieurs points, et le point qui aurait conscience du son grave ne l'aurait pas du son aigu, et ainsi de suite. Il en serait de même pour tous les autres sens. Ce serait tout au plus sentir, mais non pas percevoir. Car percevoir, c'est connaître; et la perception ne peut résulter que de la distinction de plusieurs objets, c'est-à-dire, dans le cas présent, de plusieurs sensations, et elle ne saurait dès lors s'exercer là où ne réside qu'un seul élément d'une seule sensation.

Dans la seconde hypothèse, c'est-à-dire la communication ayant lieu sur tous les points, ou bien l'on entend qu'il y aurait simultanément autant de perceptions qu'il y a de particules constituant l'encéphale, ce qui est absurde; ou bien l'on entend que toutes les parties formeraient un tout indistinct qui percevrait toutes les sensations, c'est-à-dire que la vision serait en même temps ouïe, odorat, goût et réciproquement, ce qui n'est pas moins absurde; ou, enfin, l'on entend par là que toutes les parties coopèrent afin que la perception ait lieu sur un seul point, et, dans ce cas, l'hypothèse actuelle, coïncidant avec la troisième, resterait la seule vraie par l'exclusion des autres. Elle a néanmoins besoin d'amples explications et de preuves.

En réalité, et cela est incontestable, les faisceaux des fils nerveux se ramifient dans la substance cérébrale et tendent à se séparer, en touchant des points distincts entre eux. D'où il ressort que leur communication directe s'effectue réellement en plusieurs points différents, c'est-à-dire dans ceux que touchent leurs extrémités. Mais si ce fait est vrai, il est vrai également que les molécules de la substance encéphalique sont toutes individuellement douées de la même propriété qui appartient en général à leur ensemble. Si cela n'avait pas lieu, il ne pourrait non plus exister de communication sur les points où se terminent les fils nerveux d'une part, et de l'autre les molécules cérébrales. Or, les molécules qui ont en commun et individuellement la même propriété peuvent avoir en outre des propriétés particulières, à cause de leur structure et de leur disposition différentes. Personne n'ignore aujourd'hui que, dans des corps égaux, soit organiques soit même inorganiques, les propriétés se diversifient seulement en raison de la diversité du volume et même par suite de la position et du groupement de leurs molécules ou atomes, comme on les appelait autrefois. Et que ces propriétés leur appartiennent effectivement, nous l'inférons de l'acte nouveau qu'il leur reste à accomplir, après avoir reçu la communication, c'est-à-dire non pas de la percevoir déjà, mais de la transmettre encore ; puisque leur substance, différente de celle des nerfs, ne permet pas la continuation de la transmission sans une nouvelle impulsion.

Supposons, au contraire, que ces nouvelles propriétés n'existent pas, et toute opération de perceptibilité est interrompue *ipso facto*, soit que l'on admette, par impossible, que la perception naisse immédiatement dans les molécules cérébrales contiguës aux points nerveux, soit qu'on estime qu'elle soit le résultat d'une élaboration à laquelle concourent d'autres molécules. Mais, puisque la perception ne peut, comme il a été démontré, naître dans les molécules en contact direct avec les nerfs, il s'ensuit qu'elle est produite par le concours et l'élaboration de plusieurs molécules, qui ont des propriétés que n'avaient point les premières. En d'autres termes, il faut que l'action imprimée aux molécules qui sont de nature à en être influencées ou s'épuise ou se résolve en une autre force.

Dans le fait, il n'y a et il ne peut y avoir épuisement, puisque l'opération continue. Donc cette action se transforme en perception, laquelle est véritablement le résultat de toutes les propriétés des molécules cérébrales.

Ainsi il arrive que des extrémités nerveuses, qui correspondent aux points impressionnables de l'encéphale, les éléments des sensations de n'importe quel ordre parviennent au suprême et intime organe perceptif pour y être résumés et reconnus : c'est ce qui a lieu également dans les organes proprement dits des sens, où à la reproduction des phénomènes physiques succède une opération ultérieure, par le fait de nouveaux agents qui se substituent aux premiers dans les tissus et dans les parties les plus internes des organes.

Peut-être ce qui a été décomposé précédemment pour assimiler le phénomène extérieur aux qualités de l'organe sensitif se synthétise-t-il et s'associe-t-il dans l'encéphale ? De toute façon, ni la transmission de l'image ne s'interrompt pour cela, ni l'énergie ou la force, par laquelle cette transmission s'accomplit dès sa première phase, ne change de modalité. Ce qui varie seulement, c'est la traduction de l'image même dans les traits ou caractères, grâce auxquels elle peut être portée à la connaissance du dernier et définitif organe de la perception, selon les propriétés de sa substance et les aptitudes de la disposition de celle-ci.

Au point où en est arrivé notre raisonnement, il devient donc évident que la perception ne peut plus être confondue ni avec la communication des éléments particuliers d'une même sensation, ni avec la communication plus complexe d'une sensation entière d'un ordre déterminé ou bien d'un organe spécial. D'où résulte physiologiquement la vérité de la maxime de l'école psychologique que ce qui sent est un. Du fait intérieur, qui est la conscience, la philosophie ancienne déduisait l'unité ; l'observation des phénomènes permet de déduire de l'unité la conscience. On affirmait que le moi sentant est un, parce qu'il est conscient ; maintenant on pourra prouver que le moi est conscient, parce qu'il est un. Une dernière conséquence découle enfin de la présente étude et il importe de la signaler, parce qu'elle coïncidera avec des déductions qu'on pourra tirer ultérieurement, à la suite d'autres recherches sur les sources du progrès, à savoir que la nature environnante se révèle à l'être animé avec les caractères appropriés à l'organisme sensitif de cet être.

CHAPITRE V

Les images des objets, une fois perçues, sont recueillies par la mémoire et forment le patrimoine spécial et propre de l'être animé. La nature extérieure cesse dès ce moment d'être la collaboratrice subjective et active de l'organisme sensitif.

Le centre nerveux, où reposent les images accumulées, échappe encore aux recherches physiologiques. La fameuse observation du docteur Broca et celles faites depuis par les subtils et hardis adeptes de l'école anthropologique sont loin de prouver scientifiquement la localisation et l'*organicité* de la mémoire. Mais la mémoire est évidemment en contact direct et avec les organes des sens externes d'une part et, de l'autre, avec les organes intimes du centre de la vie animale, puisque les images dont elle devient la dépositaire lui sont fournies par les sens externes et quelquefois sont excitées par les aiguillons internes dans lesquels se résume l'instinct. Car l'instinct fait partie de la force vitale de l'organisme animal, parce qu'il fonctionne par sa propre vertu, et dirige les animaux dans toutes les opérations inhérentes à leurs corps et reliées aux objets extérieurs.

Maintenant, la mémoire est-elle elle-même un sens interne qui, comme mode, agisse identiquement aux autres sens externes? Ou répond-elle, au contraire, à la façon des sensations réflexes, aux excitations nécessaires extérieures et aux excitations accidentelles et presque spontanées intérieures? J'écarte pour l'instant toute recherche psychologique et physiologique sur la nature toujours cependant sensitive de cette faculté; mais, quelle qu'elle soit, on peut affirmer que c'est dans la mémoire que se vérifie le premier phénomène de progrès moral.

Tous les objets déjà perçus par les sens se représentent, mais ils ont une origine immédiate, différente de celle des impressions. On revoit, on réentend, on ressent, on regoûte, on retouche, avec la couleur, le son, la surface, le poids, la densité, la chaleur, avec toutes les qualités propres à chaque image. Néanmoins, ces objets ne sont plus les mêmes, étant privés du caractère imprimé par l'acte de communication instantanée de la nature, lequel seul constitue les impressions. Si l'on pouvait, pour un instant, supprimer la nature environnante, les images recueillies par la mémoire n'en subsisteraient pas moins et seraient ravivées par les aiguillons de l'instinct. Donc un monde intérieur existera dorénavant, indépendant du monde extérieur et par conséquent moral, dont l'être animé disposera, avec des lois différentes de celles qui régissent toutes les autres créatures organisées. Cet être ne crée pas encore, mais il tire de son propre sein des qualités et des quantités transformées par lui et accumulées pour sa propre existence individuelle.

CHAPITRE VI

ACTION ULTÉRIEURE INDÉPENDANTE DE L'ORGANISME ANIMÉ.

Une autre faculté partage ce domaine avec la mémoire, mais elle en est fortement distincte, malgré l'opinion contraire qui généralement prévaut encore : c'est l'imagination.

Par la mémoire on éveille, on évoque, les tirant de l'état de repos, les images reçues par les impressions ; on les évoque soit au moyen de l'ordre successif où elles parurent d'abord, soit à l'aide du lien d'analogie ou des affinités qui existent entre elles. Par l'imagination, au contraire, on associe, on mêle, on combine les images les plus disparates ; on célèbre, pour ainsi dire, le mariage bizarre des objets les plus discordants, et l'on engendre des apparences nouvelles et étranges qui n'ont plus de rapport, qui, parfois même, contrastent avec celles que la nature extérieure a tout d'abord communiquées aux sens.

Les anciens l'ont appelée la Reine de la poésie et, encore à présent, dans les écoles, on la regarde comme l'inspiratrice souveraine des lettres et des arts. L'histoire démontre que, même dans la législation et dans la religion, l'influence de cette faculté toute sensitive a été très considérable. Elle tend, néanmoins, non pas à perdre dans les lettres et les arts sa fécondité, mais à prendre une allure moins effrénée, réglée qu'elle est chaque jour davantage par la raison que sollicite la vérité. Protégée contre ses propres excès, elle continuera à élargir le royaume des apparences naturelles dans la sphère morale, en se rapprochant de plus en plus de la vérité des types, où elle puise ses innombrables et si diverses reproductions.

Cependant, l'accouplement même, étrange et souvent monstrueux, que l'imagination opère presque spontanément entre des images surgies à des époques diverses, sans lien d'affinité entre elles et avec des qualités différentes de celles qui leur sont propres, prouve que cette faculté se détache de la catégorie des autres phénomènes sensitifs. Malgré son fonctionnement, qui est le même, elle diffère de tous ces derniers, y compris la mémoire, dans les effets qu'elle produit. Car si les effets produits par l'imagination restent coordonnés aux phénomènes sensitifs qui les ont précédés et dont ils émanent, ils ne gardent cependant, comme eux, ni l'ordre successif ni le lien d'affinité. Je n'oserais pas encore dire que l'imagination représente une des formes de la volonté instinctive, mais il me sera permis d'affirmer qu'il manque en elle le caractère général de tous les phénomènes des sensations externes, c'est-à-dire la transmission. Ce caractère est remplacé par une espèce d'initiative qui, si elle ne crée pas encore des types nouveaux, crée à coup sûr de nouvelles combinaisons entre les impressions reçues, dont en quelque sorte elle change la nature. Le monde moral, quoique jusqu'à présent sensitif, a donc étendu ses frontières.

LIVRE III

LES PROPRIÉTÉS DES PHÉNOMÈNES NATURELS EN COMMUNICATION AVEC L'INTELLIGENCE

CHAPITRE I

Dans les facultés qui émanent de l'organisme sensitif, l'homme est à peine supérieur aux animaux les plus élevés, et, chez l'un comme chez les autres, si le siège de ces facultés ne peut être mis à nu par le scalpel, on peut néanmoins les comprendre toutes dans une même sphère de phénomènes produits par une substance identique, laquelle ne varie que dans ses propriétés. Mais, en continuant l'observation des faits internes, un autre ordre de phénomènes tout différents se révèle, phénomènes non moins évidents que ceux de la mémoire et de l'imagination, et qui constituent le caractère essentiellement exclusif de l'homme.

L'être simplement animé sent, aime, hait, se souvient, se berce dans le doux rêve des choses souhaitées et, si l'on veut, fixe son attention et compare ; mais il ne va pas plus loin, c'est là sa limite. Augmentez tant qu'il vous plaira les aptitudes de cet être, accordez-lui des sentiments délicats, des passions tendres, des rêveries empreintes d'une certaine poésie, son domaine restera toujours circonscrit par les impressions reçues. Le dernier acte de chacune de ses opérations sera nécessairement coordonné, successif à l'instinct qui le dirige, voulu par cet instinct. Enfin, il aura de commun avec les plantes et même les métaux les modifications de son développement, lesquelles tombent toutes sous l'observation des sens et tournent dans une orbite dont on ne sort jamais.

Sur la base ou substratum de l'organisme animal s'élève, au contraire, chez l'homme, un système de facultés qui doivent leur raison d'être et leur impulsion à une autre source, outre celle des sens. Elles fonctionnent dans un milieu qui n'est pas seulement celui des impressions externes ; elles produisent des phénomènes qui ne sont plus les reproductions exclusives des objets sentis ; elles déterminent des actes qui ont des causes différentes des causes organiques instinctives ; elles créent enfin un nouveau monde moral qui est tout autre que celui qui naît directement ou indirectement des sensations, et il semble que cette dernière création n'ait plus de bornes circonscrites. Aux images succèdent les idées, à la connaissance des choses en elles-mêmes succède la connaissance des rapports des choses entre elles et de leurs propriétés intimes.

L'être simplement animé ne connaît que des individus distincts et des objets distincts. Un et un resteront toujours pour lui un et un, et ne formeront jamais deux. L'être intellectuel, au contraire, connaît la classe de ceux-ci et l'espèce de ceux-là. Dans le ciel, l'animal ne voit qu'une grande tache, bleue le jour et noire la nuit, semée de lueurs ; tandis que l'homme comprend l'espace où tournent le Soleil, les planètes et les météores avec des mouvements, des proportions et des distances qui lui sont connues, de même que les substances qui les constituent.

En effet, les opérations sont deux et d'ordres tout différents : l'une consiste à associer tout au plus des images qui restent, quoique associées, séparées entre elles ; l'autre à tirer de ces images une image qui les comprenne toutes, et qui, à cause de cela, cesse d'être l'image de tel ou tel individu, et s'appelle au contraire concept de la catégorie de ces individus.

Les observateurs, souvent trop ingénieux, des mœurs des animaux nous rapportent bien des choses merveilleuses dues à l'instinct de ceux-ci, mais jamais encore ils ne nous ont présenté rien qui approchât d'un portrait ou du simple contour d'un objet exécuté par un animal. Pourtant quelques bêtes sont véritablement douées d'aptitudes extraordinaires et possèdent des organes d'une grande délicatesse. On admire l'architecture des castors, des fourmis, des abeilles ; on est surpris de l'adresse des oiseaux à construire leurs nids et des araignées à ourdir leurs toiles ; on ne connaît rien de plus fin que le tact de la trompe de l'éléphant ; et l'on ne retrouve chez aucun autre animal la prestesse des mains du singe. Tel voyageur, comme Beccari, rapporte que, dans la Nouvelle-

Guinée, une espèce de passereau entoure son nid d'un pré artificiel, c'est-à-dire qu'il y rassemble des fleurs dont la couleur plaît à ses yeux, de même qu'on trouve, en Australie, une espèce de pie, parente probablement de notre légendaire *Gazza ladra*, qui orne son nid de pierres, de métaux et d'autres objets brillants.

Et cependant aucun animal ne peut reproduire l'image la plus vague des objets qui frappent ses sens; tandis que l'homme des époques dites préhistoriques, c'est-à-dire dans les langes de la civilisation, retraçait ses humbles compagnons sur les os, sur les cornes, sur les pierres.

Si, en effet, on pouvait supposer chez les animaux la faculté de reproduire les images qui les frappent, ces images ne pourraient être en aucune manière reconnues par l'homme. C'est que les objets communiqués par la nature aux sens, comme on l'a vu lorsque nous avons parlé des sensations, ne le sont que par un procédé d'analyse et pour être transmis par les molécules ou particules, afin que ces communications soient ensuite réunies au moyen de la perception, mais réunies dans le sens de la continuité, qui inclut les distinctions. De sorte que la ressemblance d'un pareil portrait, en le supposant possible, coïnciderait seulement avec chacune des parties, sans que les propriétés communes qui existent entre elles pussent être reproduites. La faculté de déduire de plusieurs objets une de leurs propriétés communes et de la considérer en elle-même, abstraction faite des objets, ne se retrouve dans aucune faculté de l'organisme sensitif, composé seulement d'impressions distinctes et localisées. Ce n'est plus ici la connaissance particulière de chaque objet de la nature, mais la connaissance des relations existant entre un objet et un autre. Les relations entre les objets trouvent leur raison d'être en elles-mêmes, parce qu'elles ont été créées telles qu'elles sont, et ne pouvaient l'être autrement; mais elles ne sauraient être conçues que par une substance qui, tout en étant en contact avec les sens, soit en outre identifiée, en quelque sorte, avec la raison d'être de la création, dont elle fait partie.

Sans doute, l'aphorisme auquel l'école philosophique de l'Italie doit la certitude de ses doctrines, certitude relativement plus grande que celle que possèdent les autres nations, à savoir que *rien n'est dans l'intelligence qui n'ait été d'abord dans les sens*, est toujours vrai, malgré les savantes disputes qui se sont ranimées, il n'y a pas longtemps, autour de la chaire du catholicisme entre les disciples de saint Thomas d'Aquin et ceux de l'abbé Rosmini. Il me semble néanmoins que, par cet aphorisme, il faut entendre que la connaissance des choses en elles-mêmes et en principe ne peut, à la vérité, être fournie à l'intelligence que par l'opération des sens; mais que cette connaissance ne devient complète que lorsque l'intelligence, par une aptitude qui lui est spéciale, a découvert les rapports de nombre, de proportion, de causalité, d'équivalence; soit que cette aptitude provienne d'un organe supérieur qui nous est caché, ou bien d'un germe inné dans lequel réside le sens de l'harmonie de la nature, c'est-à-dire la raison de son développement tel qu'il est. L'idée n'existe pas sans la connaissance de la chose sensitive; et l'idée naît seulement lorsque la chose sensitive se fait complètement connaître par ses rapports avec les autres objets avec lesquels elle forme un tout nécessaire.

CHAPITRE II

L'ESSENCE INTELLECTUELLE.

Intelligence, esprit, âme, pensée, raison, raison pure,
sont autant de mots qui, dans les écoles anciennes et
modernes, ont signifié la même faculté qui fonctionne
au-dessus des sens. Qu'on me permette de m'attacher au
premier de ces termes, intelligence, parce que, même
dans son sens étymologique, il répond mieux à ma conception.

Le mot *intelligence*, de *intelligere*, qui vient de *inter*
et *legere*, signifie lire entre et dedans, comprendre au
delà de ce qu'on lit, c'est-à-dire approfondir les choses
manifestées par la nature. Tandis que le mot *esprit*
semble inclure déjà la définition d'une substance qu'il
resterait à expliquer, le mot *âme* embrasse plusieurs
fonctions différentes, le mot *pensée* n'indique que l'acte
d'une faculté, comme le mot *raison* n'indique qu'une
de ses opérations; il en est de même du mot *raison
pure*. J'ajoute, en outre, que cette dernière dénomination
ne pourrait pas convenir à la méthode d'investigation
par excellence, aux mathématiques, car elles ont, elles

aussi, leur première couche formée de connaissances sensitives.

Il n'entre pas dans le plan des présentes recherches de scruter la nature intime de la substance intellectuelle ; ce qui importe, c'est d'en définir les effets pour suivre et compléter la genèse du progrès.

Il est, d'ailleurs, impossible de connaître l'essence de l'intelligence, parce que l'on ne connaît avec certitude que ce qui est inférieur : telle est l'échelle imprescriptible de toutes les choses. S'il était possible d'accorder pour un instant aux organismes inférieurs, par exemple, la faculté de l'analyse, les végétaux pourraient connaître, par les éléments qui tirent leur nourriture des métaux, la composition de ces derniers, et les animaux, à leur tour, connaître celle des végétaux ; mais ils ne sauraient ni les uns ni les autres remonter à la connaissance de ce qui équivaut aux éléments de leur être propre, à cause de l'absence d'un terme de comparaison ou de relation.

Et encore, en parlant de substance, on ne veut pas dire qu'elle soit d'une nature absolument opposée à celle de l'organisme et de l'instinct sensitif, et elle ne pourrait pas l'être, soutenue qu'elle est par lui ; on veut dire qu'elle est différente par ses propriétés, comme, du reste, on l'a indiqué tout à l'heure. Il en découle, en effet, un ensemble de facultés, qui fait que la substance intellectuelle existe et agit par elle-même. La généralisation, l'abstraction, la causalité, l'équivalence et enfin la volonté libre sont des facultés qui n'ont besoin des organes sensitifs que pour être pourvues de l'objectivité spécifique, pour ainsi dire, comme d'une matière première. Quant à ce qui concerne particulièrement la mémoire, ces organes ne servent que d'arsenal et de dépôt commun auxdites facultés. Mais lorsque les actes de cette substance doivent se traduire à l'extérieur, les organes sensitifs, dans leurs lois prédéterminées, redeviennent son agent direct. Ainsi se forme un instinct supérieur, mais composé, qui résume l'action nécessaire sensitive et l'action libre intellectuelle, ce qui caractérise l'instinct humain.

Or, si les opérations intellectuelles s'effectuent par une force innée dans la substance intellectuelle, elles doivent néanmoins être dirigées et soutenues dans toutes leurs manifestations par la volonté de l'entendement, volonté qui est, en vérité, le *moi*, l'agent, le premier opérateur, sans lequel cette force ou énergie reste en repos.

CHAPITRE III

Dans les opérations sensitives, la perception est déterminée par les impressions qui viennent du dehors; dans celles de l'intelligence, au contraire, la conception est spontanée, parce qu'il n'y a point de sollicitation étrangère.

Et, en effet, ou bien la nature, dans sa raison d'être et dans les relations nécessaires et réciproques de ses phénomènes, est en contact continuel avec un organe de l'intelligence inconnu jusqu'à ce jour ; ou bien, elle possède comme un résumé de ses lois et de ses modes qui est inhérent à cette substance. Dans le premier cas, pour que la communication de telle ou telle loi, de tel ou tel mode, puisse s'effectuer, il faut qu'un agent détermine le contact qui est nécessaire; et dans le second également, il faut qu'un agent réveille ou soulève la notion voulue à l'endroit où elle se trouve. Dans l'un et l'autre cas, l'agent opère par sa propre impulsion et il est inhérent à la substance; car, si l'impulsion de l'agent, ou l'agent lui-même, venait d'ailleurs, il faudrait que la chose eût lieu ou sans interruption ou par intervalles.

Dans la première hypothèse, la nature entière serait présente à l'esprit en permanence ; dans la seconde, la nature entière s'y reproduirait par intervalles, durant un certain espace de temps : ce qui est évidemment contraire aux faits internes constants. Et l'on ne peut supposer qu'une seule partie, autrement dit un seul mode de la nature se présente, comme dans le second cas sus-énoncé, c'est-à-dire que dans une période de temps se présente à l'esprit la série numérique, dans une autre période la proportion ou la grandeur des corps, et qu'ainsi de suite, la succession régulière des connaissances naturelles apparaisse, pour ainsi dire, en plusieurs tableaux et en plusieurs actes, contrairement à ce qui a lieu.

On pourrait faire une autre hypothèse, et c'est celle-ci : les impressions des objets de la nature perçues par l'organisme sensitif portent avec elles la raison des manières d'être de ces objets par rapport aux autres choses, laquelle raison est ensuite, ou plus tôt ou plus tard, connue par l'intelligence. Mais, même dans ce dernier cas, il est nécessaire qu'un agent choisisse parmi les notions accumulées celle qui doit être l'objet de l'opération intellectuelle immédiate. Donc l'agent, qui est la *volonté*, qui est le *moi*, agit par sa propre impulsion et il est libre.

Enfin, on a une dernière preuve de la liberté de la volonté humaine en considérant l'être intelligent non plus uniquement en soi, mais dans sa coexistence avec d'autres êtres intelligents, ce qui réellement le complète, non pas tant en vertu des rapports corporels génératifs, que par les rapports intellectuels réciproques et nécessaires. La nécessité de la société intellectuelle étant reconnue, aux actes de l'intelligence de l'un doivent répondre ceux des autres. Or, pour que le libre arbitre n'existât pas, il faudrait qu'entre ces actes réciproques il ne s'élevât jamais ni contradiction ni conflit, c'est-à-dire que les uns fussent identiques aux autres. Mais il arrive justement et constamment tout le contraire. Donc même, et surtout dans l'être intelligent considéré au point de vue collectif, comme il faut le considérer, le *moi* pensant est libre.

CHAPITRE IV

L'incertitude et même l'incrédulité manifestées par les plus grands esprits, au sujet du libre arbitre, dérive des déductions incorrectes tirées de la stabilité ou immuabilité des lois de la nature, dont l'intelligence humaine semble être le miroir, et de l'enchaînement inflexible des phénomènes universels dont l'homme, comme tous les autres êtres, fait partie avec ses actes internes et externes.

Sans remonter plus haut que Descartes, ce philosophe pensait que la connaissance des lois éternelles déterminait l'àme humaine à les suivre. Il admettait, néanmoins, le libre arbitre, mais à la condition qu'il fût conforme à la volonté de Dieu. Par conséquent, la liberté, suivant Descartes, ne pouvait exister qu'à l'état d'indifférence, ce qui équivaut à une faculté qui ne fonctionne pas.

Kant également l'admet, mais seulement comme une hypothèse nécessaire pour expliquer l'intelligence émancipée des instincts, et afin que l'intelligence ait la faculté d'introduire dans la série des choses le principe, le commencement de l'absolu. La liberté, de cette manière, n'existe qu'un instant pour déterminer un seul acte, sur lequel repose tout l'édifice de la moralité construit par Kant.

Fichte, d'une part, va plus loin que Kant, puisque ce n'est pas même la liberté du *moi* qu'il admet, mais seulement l'aspiration à la liberté; d'autre part, il a une grande intuition, lorsqu'il conçoit la liberté du *moi* absolu dans la généralité des hommes, tandis que l'individu, selon lui, reste soumis à tout et à tous.

Hégel ne peut admettre d'autre liberté que celle que possède l'âme de se reconnaître comme l'émanation de l'idée, de l'idée qui est elle-même le développement nécessaire de l'absolu. On ne pouvait, d'ailleurs, espérer de voir admettre par Hégel, pas plus que par Schelling, son maître, une faculté qui repose sur le fait de la variété réelle, sinon des substances, au moins des modes de la substance, car ces deux philosophes ne reconnaissaient que l'unité absolue de toutes choses.

Leibnitz, au contraire, affirme le libre arbitre comme la résultante de l'indépendance réciproque des mouvements de l'âme et de ceux du corps, et il le prouve par l'infinité des causes ou monades séparées et distinctes, quoique s'accordant et s'harmonisant entre elles. Nonobstant, l'homme, suivant lui, est toujours influencé et, lorsqu'il choisit, c'est l'influence la plus puissante qui le fait agir.

Locke ne diffère pas beaucoup de Leibnitz, lorsqu'il compare le libre arbitre à une puissance qui aurait des antagonistes : manière de voir où apparaît la question du plus fort.

Récemment, Proudhon semble avoir adopté la même théorie de l'antagonisme des facultés qui composent l'homme, avec cette différence qu'il en déduit sa propre théorie de la balance.

Spinoza, plus logique dans les déductions du panthéisme que l'école allemande qui l'a suivi, rejette nettement la liberté du *moi* pensant. Néanmoins, il semble qu'en la rejetant, il la reconnaisse et même qu'il la prouve. En effet, il prescrit l'émancipation des passions pour atteindre à la connaissance des lois nécessaires, c'est-à-dire aux attributs de Dieu. Donc, dans l'état d'ignorance, la volonté devrait fonctionner librement, et elle ne cesserait d'être libre qu'après avoir acquis la connaissance de l'immuable. Ou bien, la cause qui fait agir l'homme c'est la vérité, et alors l'homme ne serait jamais dans l'état d'ignorance; ou bien, cette cause, c'est l'erreur, et comment l'homme pourrait-il se conformer aux lois éternelles, qui veulent pourtant que l'homme s'y conforme?

Les éclectiques admettent le libre arbitre comme une faculté inhérente à l'âme et indépendante des sens, mais ils reconnaissent qu'il est nécessairement conforme aux lois éternelles. Opportunistes de la science, comme l'étaient anciennement leurs prédécesseurs d'Alexandrie,

il faut leur savoir gré, plus encore que de leur haute éru-
dition, de cette modération tolérante qui les empêche de
blesser les convictions les plus chères à l'esprit humain.

Les encyclopédistes, du moins Diderot et d'Alembert,
repoussèrent le libre arbitre comme Spinoza ; ils repoussèrent, eux les précurseurs de la Révolution, la raison
d'être de la Révolution.

Le libre arbitre est également repoussé de nos jours
par un certain nombre de physiologistes, qui espèrent
trouver le fonctionnement de la pensée dans le même
ensemble d'organes qui servent au fonctionnement des
sensations, sans même vouloir admettre ici ce qu'admettent en général tous les physiologistes, à savoir que
des propriétés absolument différentes sortent d'une
même substance différemment construite. La pensée ne
pourra jamais être mesurée comme les sensations, ou
plutôt comme les émotions, les sensations représentant
des corps se pénétrant l'un l'autre, tandis que la pensée
ne correspond qu'aux seuls rapports des sensations.

Préoccupé du problème des êtres libres, Sewan, l'un
des plus remarquables fondateurs de cette science si
utile à toutes les autres, annonça à ses élèves, dans les
dernières années de sa vie, qu'il espérait pouvoir bientôt
démontrer le libre arbitre par la liberté, qui seule fixe une
limite aux propriétés des atomes, c'est-à-dire aux forces
de la matière inerte. Je ne pense pas que ce soit là encore
la vraie solution. Elle ne paraît guère plus exacte que
celle qui a été proposée par un écrivain français de nos

jours, M. J. Delbœuf, à savoir que la liberté engendre des mouvements, parce qu'elle dispose du temps. Je ne me rends pas non plus au dilemme de John Herschell : ou la création d'une nouvelle force, ou le libre arbitre. Mais dans la limite des recherches que je me suis proposées, je n'ai qu'à déduire les conséquences d'un fait *prouvé*, et non pas à m'occuper de son essence intime.

L'obscurité qui entoure la question de l'existence du libre arbitre dérive, comme je l'ai déjà fait remarquer, de deux causes. L'une consiste à ne pas distinguer les opérations de l'esprit dans leurs trois périodes successives et distinctes, c'est-à-dire dans les deux périodes où les opérations ont pour auxiliaires les sens, et dans celle où elles fonctionnent par elles-mêmes. L'autre cause consiste à regarder comme nécessaire la conformité absolue de tous les phénomènes aux lois éternelles de la nature.

Dans les deux premières périodes, l'intelligence a évidemment pour intermédiaires les organes sensitifs ; elle subit, par conséquent, les influences inséparables du contact des objets extérieurs, lorsqu'elle reçoit les sensations et les images déposées dans la mémoire, qui doivent être connues par elle dans leurs qualités et leurs relations, et lorsque, s'étant déterminée après l'acte de conception, elle traduit ce dernier en un acte sensitif. Mais, dans la troisième période, qui est la seule exclusivement intellectuelle, on ne trouve d'autre opérateur ni d'autre agent que la volonté. La volonté seule adapte ou mesure, pour ainsi dire, à la raison d'être universelle le phénomène que les sens ont fait connaître, soit que la contemplation de cette raison ait lieu dans l'intelligence grâce à un organe particulier, soit qu'elle réside dans les substances mêmes de l'intelligence comme une image ou un reflet, soit enfin que ses caractères se trouvent imprimés dans le phénomène sensitif lui-même, et que l'intelligence et non jamais les sens, ait seule la puissance de les connaître.

Trois seuls éléments se rencontrent à ce moment de l'opération : 1° le phénomène à connaître non plus en lui-même, tel qu'il a été perçu, mais dans ses rapports et ses convenances envers les autres phénomènes et envers la nature en général ; 2° la substance intellectuelle qui opère en vertu de son instinct propre ; 3° la règle de la nature à consulter pour trouver les degrés de relation auxquels correspond le phénomène en question. Or, la détermination dans le monde physique étant admise, parce que l'équation de chaque molécule est admise, lequel de ces trois éléments peut-il être l'équivalent de quelque chose qui vienne aussi d'un phénomène sensitif? Car il est bien entendu que l'acte sensitif, résultant de la détermination prise par l'intelligence, n'est pas encore entré dans le grand tourbillon des phénomènes rendus sensibles. La loi à laquelle obéit l'intelligence n'est que le mode propre à son fonctionnement, qu'on pourrait dire de construction logique, si par logique on entend la marche du raisonnement. L'action purement intellectuelle est donc différente de toutes les autres actions sensitives, simples ou composées.

L'autre cause d'obscurité, c'est de considérer comme nécessaire la conformité absolue de tous les phénomènes aux lois éternelles de la nature. Si l'on entend par là que rien ne peut exister ni se développer complètement sans se conformer à ces lois, cela est absolument vrai; et je ne crois pas qu'il y ait une autre raison de l'harmonie universelle, ni même une autre base de la moralité des actes humains.

Toutefois, faisant abstraction pour un instant des émanations intellectuelles, on peut remarquer que tous les divers systèmes ou règnes de la nature, aussi bien organiques qu'inorganiques, non seulement sont composés de variétés, parce que rien n'est égal à rien, mais abondent en anomalies. Il y a le blé qui ne germe pas, les plantes qui n'assimilent pas, les cristaux qui ne parviennent pas à une symétrie complète, les animaux contrefaits ou qui ne naissent pas viables. Rien de plus fréquent que les monstruosités et les hybridismes animaux, végétaux et géologiques. L'histoire écrite et celle que révèlent les abîmes des eaux et les sédiments profonds de la terre montrent des espèces d'animaux et de plantes et même des races d'hommes disparues depuis de longs siècles. Si la conformité absolue était nécessaire, la loi demeurant toujours, la difformité ne pourrait jamais exister, et pourtant elle se montre partout pour prouver que la liberté a sa place, accidentellement, même dans le monde physique. Seulement il faut ajouter que la difformité reste inféconde, portant en soi la marque et le

châtiment de la violation des lois absolues. C'est que les
forces ou énergies, qui concourent au premier acte initial
des phénomènes, sont relativement en état libre; comme
le prouve la perte de ces forces que l'on constate dans
toutes les opérations physiques, et peu importe que cette
perte se transforme en une énergie nouvelle. Si, néanmoins, ce moment de liberté dans le monde physique
cesse aussitôt que le phénomène, nouvellement créé,
entre dans l'équilibre universel; dans les opérations de
l'intelligence, la permanence de la liberté continue sans
interruption, parce que la création est le fait constant de
cette substance prise en elle-même. L'intelligence ne cesse
jamais d'agir, parce que la mémoire et l'imagination sensitives lui fournissent les éléments dont elle a besoin,
même quand les organes externes sont au repos.

CHAPITRE V

LES ÉMANATIONS INTELLECTUELLES.

Les opérations intellectuelles, si elles n'étaient sollicitées que par les sensations ou par la mémoire, ou même par l'imagination sensitive, seraient circonscrites en un cercle d'idées très restreint. L'intelligence n'en serait probablement pas moins en activité, malgré l'opinion contraire qui a été si souvent soutenue; mais cette activité n'aurait d'autre effet que de couronner l'organisme sensitif, au moyen d'un phénomène différent, à la vérité, mais qui s'y rattacherait toujours individuellement. Le règne animal s'enrichirait d'un ordre de phénomènes plus perfectionné, mais l'homme ne cesserait pas de faire partie, quoique y occupant un plus haut rang, de ce même règne ou système.

L'intelligence est, au contraire, plus qu'un caractère ou une faculté constitutive d'un degré plus élevé dans l'échelle animale; elle est elle-même une substance différente qui a la propriété de se développer, en multipliant indéfiniment ses émanations, lorsqu'elle est mise en communication avec ses congénères. L'orbite de son action ne se restreint pas seulement aux phénomènes émanant d'une seule unité intellectuelle, mais elle s'étend, en les embrassant dans une même universalité, aux phénomènes produits par tous les êtres de même nature, pourvu qu'ils soient en contact entre eux.

Le monde intellectuel se constitue, non seulement au-dessus, mais en dehors de tout système sensitif. En effet, à l'évidence de l'existence de notre propre pensée correspond l'existence tout aussi évidente de la pensée d'autrui. La pensée circule de l'une à l'autre intelligence, et dans cette pensée chaque intelligence reconnaît sa propre forme et sa propre substance, des caractères et des propriétés identiques aux siennes.

Le véhicule exclusif, au moyen duquel la pensée pénètre dans les substances congénères, la revêt pour ainsi dire d'un corps, afin de traverser les sens, qui restent toujours la seule porte par laquelle on entre dans l'entendement. Ce véhicule et cette sorte de corps de la pensée qui la révèle, qui l'atteste, et qui l'identifie avec les émanations de même nature, c'est le langage.

Si je suis certain que je pense, je suis également certain que celui qui parle pense.

CHAPITRE VI

Où il y a communauté d'individus, il existe un langage, sans exception aucune. Les rapports sociaux et sexuels, à presque tous les degrés de l'échelle animale, ont besoin d'un moyen de correspondance, quel qu'il soit d'ailleurs, qu'il consiste en expressions phonétiques ou en signes de manifestation d'un autre genre. Quand ce n'est pas une intonation de la voix, un hurlement ou un sifflement, c'est un mouvement d'antennes ou d'ailes, ce sont de légers attouchements des membres du corps. La femelle accourt aux cris d'appel du mâle, dans l'air comme sur la terre ; et il est hors de doute que, par de tels signes ou d'autres, se concertent les tribus des oiseaux, les familles ou sociétés des quadrupèdes, des quadrumanes, et les agrégations si diverses et si admirables des insectes.

Cependant, la voix même la plus articulée et la mieux modulée n'est autre chose, dans de pareils langages, qu'un rythme avec des changements limités d'une courte série. Qui n'a pas été séduit par le chant mélodieux du rossignol dans les premières nuits du printemps ? Le gazouillement de l'oiselet nocturne semble un délicieux poème d'amour, qui renferme tous les élans passionnés du cœur, depuis les caresses les plus tendres jusqu'aux accents de la joie la plus triomphante. Néanmoins, ces merveilleuses élévations et modulations vocales, qui font pâlir d'envie les cantatrices et les ténors les plus admirés, ne formeraient, si on les notait, qu'une série peu étendue de gammes adorables perpétuellement les mêmes. L'année prochaine, au retour du tiède avril, vous les entendrez de nouveau, égales en tout point à celles qui vous ont si agréablement surpris et ravi l'année dernière. Chacun de ces chanteurs ailés porte avec lui, dès sa naissance, le même album de douces sérénades pour charmer sa belle, tranquillement assise sur sa couvée dans le feuillage voisin.

Toutes ces expansions répondent aux mouvements intérieurs de l'instinct, presque comme autant d'actes réflexes, c'est-à-dire correspondant directement à d'autres mouvements organiques. Le don d'imitation, dont quelques animaux ont été favorisés, ne forme pas exception à cette règle ; il révèle seulement une sensibilité plus grande de certains organes et un plus grand développement de la mémoire.

Dans l'hypothèse où l'homme existerait privé d'intelligence, il aurait, pour entretenir des relations avec les individus de son espèce, son propre langage, de même que tous les autres animaux, et plus parfait que le leur, parce que son organisme serait toujours plus parfait ;

mais, comme celui des autres animaux, son langage se
réduirait à une collection d'expressions phonétiques,
propres seulement à reproduire les modes et les degrés
de ses passions. De cette sorte, son langage consisterait
exclusivement en signes détachés, qui représenteraient
les impulsions immédiates de l'instinct.

Tout autre est le langage humain. Non seulement
les sons articulés révèlent déjà en lui l'analyse, opération qui ne saurait exister dans les sens, mais on
y trouve la contexture par laquelle diverses expressions
se groupent pour dénoter un phénomène qui a également des parties diverses. Et cela démontre jusqu'à l'évidence que le langage humain représente autre chose
que les seules émotions et les sensations, chacune séparée et distincte des autres. Le langage de l'homme
s'étend, flexible, et se moule sur les nervures de la
pensée, pareil à la membrane qui suit les contours et
adhère aux plis de l'organe dont elle est l'enveloppe.
La parole décrit tous les phénomènes de la nature, tels
qu'ils apparaissent à l'intelligence : elle indique leurs
propriétés, constate le lieu où ils se produisent, fixe
leur action dans l'espace et dans le temps, découvre
leurs modalités, et révèle enfin les relations de cause et
d'effet.

Telle qu'elle est, dans son type général de manifestation
des actes de l'intelligence dans le milieu des sens, la
parole coïncide avec la manière même dont se sont accomplies les opérations intellectuelles, à partir du mo-

ment où elles ont commencé. La parole est véritablement le verbe de l'intelligence.

Le langage primitif a pu, dans la suite, se traduire et se transformer en mille manières, se développer et se compléter démesurément, mais son caractère, son mécanisme, sa texture intime, sont restés perpétuellement les mêmes. Toutes les langues connues semblent pouvoir être distribuées en trois catégories : celle des monosyllabes superposés, comme la langue chinoise; celle des mots-racines aux soudures et aux flexions différentes, comme la langue touranienne; celle où les mots-racines subissent plusieurs altérations pour former une signification ultérieure, comme les langues sémitiques et indo-européennes.

En dehors de l'Écriture des Hébreux, il n'a paru jusqu'à ce jour aucun document qui atteste que les grands types que nous venons de mentionner aient eu une origine commune. On l'espéra un instant, lorsqu'on découvrit une inscription cunéiforme en trois langues diverses, en perse ou zend à droite, en assyrien à gauche, en mots d'un idiome inconnu dans le milieu. On ne tarda cependant pas à reconnaître que ce dernier dérivait en partie de la langue sémitique et en partie de l'aryenne, peut-être plus voisin de la première que de la seconde, et on l'appela *langue accadienne* ou *sumérienne*. Néanmoins, si l'on ne sait pas encore quelle a été la mère commune des langues, ou si même il en a existé une, il est certain que toutes celles qui ont paru jusqu'à ce jour sont des sœurs.

De toutes, se dégagent également les trois caractères suivants : les mots s'associent pour modifier mutuellement leur valeur; les mots s'associent pour former un sens complexe; les mots enfin s'associent pour reproduire entre les parties du discours le même lien qui existe entre les idées.

Pour cette raison, on peut affirmer que l'embryon du langage se forme simultanément avec la pensée.

CHAPITRE VII

De la multiplicité des langages humains on n'a pas
tiré, il nous semble, toutes les conséquences dont ce fait
est susceptible, surtout si on le compare au langage des
animaux, unique et constamment le même. Chez ces
derniers, toute espèce a pour chaque émotion son signe
extérieur déterminé, lequel ne varie en aucun des individus qui la composent, quelle que soit la région où ils
habitent. Dans le hennissement des chevaux, dans l'aboie-
ment des chiens, dans le bêlement des moutons, c'est
toujours la même note qui correspond au même acte ou
degré de passion.

L'idée a eu, au contraire, son expression phonétique
très différente, selon les époques et les lieux ; le fait est
incontestable. Il est vrai que si l'on admettait un seul
langage primordial antérieur à tous les autres, on pourrait
également admettre que l'expression a pu, dans la suite,
s'altérer plusieurs fois ; mais il est vrai aussi que, dans
une pareille hypothèse, l'altération elle-même prouverait

qu'à tel acte de l'esprit ne correspond pas nécessairement telle expression immuable.

Pourtant, l'opération intellectuelle influe sur l'articulation et l'intonation de la parole. Alors même que le caractère particulier à la construction de la langue ne le démontrerait pas, nous en avons la preuve dans la variété des mots. D'où vient donc que l'expression devant obéir à l'influence de l'esprit, cette expression, au lieu d'être une et invariable, est diverse et multiple?

Un même phénomène de la nature n'est pas toujours conçu également par tous les esprits. Non qu'une intelligence, dans sa qualité intime, soit différente de l'autre; car, si cela était, la manifestation qui s'ensuivrait serait inintelligible, ce qui est contraire au fait constant; mais, par l'influence du milieu social et en raison du degré relatif de civilisation, l'esprit se trouve différemment disposé à élaborer ses conceptions.

La faculté de penser qui préexiste demande pour se développer à être exercée ou, pour mieux dire, stimulée par la présence continuelle et simultanée des phénomènes naturels, que les sens sont insuffisants à ressusciter. Nos membres possèdent l'aptitude à certains mouvements, mais l'exercice seul les assouplit et les perfectionne; il en est de même de l'intelligence. La main, par exemple, se prête par son mécanisme à certaines positions principales : elle s'étend pour palper, se courbe pour saisir, se ferme pour frapper; mais à quels prodiges d'adresse et de délicatesse de tact ne parvient-elle pas, grâce à l'exercice, dans les métiers et dans les arts !

L'échelle des perfectionnements dont la pensée est susceptible est de beaucoup et sans comparaison plus étendue ; aussi très grande est la différence qui a dû exister entre les conceptions d'un même phénomène dans les divers esprits, selon le degré de développement de ceux-ci. Comment douter alors que, en tenant compte des accidents des climats qui influent sur les conditions des organes, la manifestation d'un même phénomène intellectuel ait varié de l'un à l'autre groupe humain, selon l'état relatif du progrès de l'esprit ? L'idée se présentait différemment claire, intense et complexe, et l'articulation vocale qui obéissait à l'opération intellectuelle était, par conséquent, différemment émise. De là, la cause et l'origine des langues multiples et différentes, même dans les mots qui sont les racines de chaque idiome.

La multiplicité des langues est la première preuve qui, dans l'histoire du progrès humain, atteste l'élaboration intellectuelle distincte, par groupes séparés. Dans chacun de ces groupes, on peut, grâce à cette révélation de son développement psychologique, suivre les degrés de connaissance des phénomènes naturels auxquels il est successivement parvenu.

Néanmoins, dans les langages les plus anciens que l'on connaisse comme dans les langues modernes, écho du vaste savoir conquis par les hommes, on observe que c'est la disposition pour ainsi dire architectonique qui a le plus varié et que ce sont les assises primitives qui sont demeurées presque immuables. En effet, suivant les philologues les plus autorisés, les mots fondamentaux, les mots-racines n'ont presque pas augmenté. Et, comme il ne paraît pas possible de soutenir que la faculté intellectuelle de l'homme ait, dès les premiers temps, perdu une partie de sa force créatrice, il faut croire que les représentations des phénomènes naturels conçues par l'homme ont été de bonne heure fixées dans ces expressions primordiales.

Celles-ci, dès lors, revêtirent je ne sais quel caractère inviolable et sacré, que les générations postérieures respectèrent, bien que le sens et la valeur s'en fussent altérés. De là probablement les symboles, les mythes, qui consacrèrent les primitives manifestations intellectuelles, incomplètes, informes par conséquent, mais qu'un travail ultérieur de l'esprit ne tarda pas à élargir et à rectifier, en même temps qu'une nouvelle disposition et un nouveau groupement de mots en étendaient la signification.

Des notions grossières et inexactes se changèrent de cette manière en observations plus précises, la vérité se greffant en quelque sorte sur l'erreur même. Le mot primitif resta immuable, tandis que l'idée continua de se développer, en donnant sans cesse une vie nouvelle à l'expression même qui avait d'abord représenté à l'esprit, d'une manière incomplète, le phénomène de la nature.

CHAPITRE VIII

Le développement des opérations intellectuelles ne peut s'accomplir dans sa plénitude que par le concours d'intelligences multiples. Sans le langage, qui provoque ce concours, comme on l'a vu dans le chapitre précédent, la faculté de concevoir de chaque intelligence individuelle resterait inactive. Non seulement le langage est le soutien sensitif nécessaire des idées et leur aiguillon continuel, il implique en outre la collaboration entre plusieurs intelligences.

D'où il résulte que la conscience des idées ne réside pas, immédiate et complète, dans le *moi* individuel, comme il arrive dans les sensations, mais dans le *moi* collectif. Les conséquences à déduire de cette proposition peuvent être fort graves par rapport à la moralité et à la responsabilité, et pour cela ont besoin d'être soumises à un examen rigoureux.

Les propriétés immanentes dans un phénomène, lorsqu'elles sont découvertes par l'intelligence en vertu de son aptitude, ne portent pas en vérité avec elles la certitude qu'ont les apparences des objets extérieurs reconnus par les sens. Comment, en effet, une intelligence individuelle posséderait-elle la certitude d'une opération qui, en partie, n'est pas accomplie par elle? Elle pourrait, incontestablement, avoir la certitude proportionnée à la partie à laquelle elle a contribué, mais jamais celle de l'élaboration entière qui a été achevée en commun.

Il est aussi indubitable que la certitude réside dans la même loi absolue qui régit les phénomènes universels, mais cette loi a sa certitude en elle-même et ne peut l'engendrer dans l'individu pensant que lorsque celui-ci a reconnu cette loi. Or, la connaissance de la loi de la nature, composée elle-même d'éléments nombreux, qui à leur tour se révèlent successivement, cette connaissance, dis-je, ne peut s'acquérir qu'à la suite d'un long travail progressif, commun à plusieurs individus; elle ne saurait, par conséquent, être acquise que par le *moi* collectif.

Néanmoins, dans la période que parcourt une élaboration conceptionnelle soit des propriétés d'un phénomène, soit des rapports entre des phénomènes divers, il arrive non seulement que chaque individu contribue à une ou plusieurs parties de cette élaboration, mais aussi que l'un contrôle, rectifie et accroît la valeur de l'œuvre de l'autre en se l'appropriant. La certitude donc, qui est graduellement acquise par le *moi* collectif, pénètre, à mesure qu'elle se forme, en chacun des individus qui le composent. Cette certitude, puisée dans les conceptions de chaque *moi* pensant, moins directe que dans les sensations, n'en est pas moins évidente, quoique née en quelque sorte par réflexion et acquise de seconde main.

Dans ce même développement des opérations intellectuelles, il faut encore remarquer que, par le fait de l'échange d'idées qui a lieu entre plusieurs individus, les mêmes idées rencontrent des influences et des nécessités de détermination, dues soit à la diversité des organismes et des milieux, soit à l'inégalité des connaissances acquises. Et, c'est ici, comme je l'ai déjà dit ailleurs, qu'apparaît la plus grande preuve du libre arbitre.

Si, dans le conflit qui naît des manières différentes de concevoir un même phénomène et ses propriétés, la liberté individuelle n'intervenait pas, ou bien la conception de chacun serait constamment différente de celle des autres, ou bien elle ne varierait dans sa formation en aucun d'eux, hypothèses contraires à l'observation.

Chaque esprit a, en même temps, une individualité propre dans sa manière de concevoir, et une disposition à s'assimiler la manière de concevoir d'autrui. Bien que les émanations intellectuelles dans leurs passages réciproques s'accroissent, se corrigent, se modifient et deviennent autres qu'elles n'étaient d'abord, elles obtiennent néanmoins le consentement de tous les coopérateurs. Et, formulées en commun, c'est la liberté qui les rend acceptables à chacun, de même que c'est la liberté qui, pendant le cours de leur élaboration, les a variées et altérées.

De sorte que le libre arbitre peut se définir, ce nous semble : la faculté par laquelle l'esprit coordonne ses opérations en rapport avec la loi absolue de la nature. Si la connaissance de la loi est insuffisante et erronée, il en résulte un jugement erroné et insuffisant. Depuis le premier instant où la parole révéla la puissance créatrice de l'intelligence, le monde intellectuel n'a plus cessé, ne cesse, ni ne cessera plus de s'agrandir et d'alimenter le *moi* pensant, qui seul a contribué à le former.

Tout, dans le monde physique, fut créé dès le commencement ; le monde intellectuel est l'œuvre de l'homme.

LIVRE IV

DÉFINITION ET CONSÉQUENCES IMMÉDIATES
DU PROGRÈS MORAL

CHAPITRE I

L'homme se met en possession de la nature universelle à mesure qu'elle se révèle à lui, divisée en deux
grands ordres, l'un sensitif, l'autre intellectuel. Ces deux
ordres réunis équivalent à la connaissance de la nature
entière, aussi bien pour ce qui concerne l'aspect réel des
choses que pour leurs propriétés, leurs modes intimes et
leurs mutuelles relations.

Ces phénomènes, que nous avons analysés dans les
livres précédents, se résument dans leurs caractères principaux ainsi qu'il suit :

L'organisme sensitif animé reçoit les impressions extérieures et, en vertu de son aptitude propre, il les transforme en sensations personnelles. Il les perçoit, les dis-
tinguant l'une de l'autre, lorsqu'elles se concentrent sur
un seul point, ce qui assure à l'être sentant la conscience
certaine.

Il se souvient, c'est-à-dire qu'il suscite de nouveau les
images senties et perçues. Il imagine, en d'autres termes,

il rattache et combine ensemble les diverses images perçues et rappelées.

L'intelligence, par une vertu qui lui est propre, tire des images sensitives, les idées, qui sont des représentations des phénomènes, comme aussi de leurs modes et propriétés, propriétés détachées non seulement des objets extérieurs qui produisent les phénomènes, mais détachées même de leurs images internes.

Les images ont encore les sensations pour support, mais non pas les idées; et c'est pour cette raison qu'on les appelle *abstraites,* bien que le sens de ce mot induise souvent en erreur. L'esprit humain est seulement apte à contempler les qualités, les propriétés et les rapports des phénomènes que la nature lui révèle par les sens. Par exemple, les trois notions mêmes du temps, de l'espace, de la divinité, ne sont acquises par l'esprit qu'à la suite d'un ensemble d'observations jointes à la construction logique de causalité propre à la nature et aux fonctions de l'entendement. S'il existait quelque chose d'abstrait, dans le sens rigoureux du mot, il existerait plutôt dans la méthode inhérente à l'intelligence, lorsque, des propriétés des phénomènes naturels, elle déduit leur manière d'être intime et leurs rapports.

En effet, l'intelligence ne connaît pas seulement les phénomènes détachés de leurs images et ne discerne pas seulement leurs propriétés, mais elle a pour caractère suprême la faculté de reconstituer, grâce à la connaissance de chaque partie, le système complet de toutes les catégories de phénomènes coordonnés de façon à produire un résultat d'ensemble.

Le support organique des idées, car elles en ont un comme les sensations et les images, le support des idées, dis-je, c'est la parole, qui, dans sa structure particulière, se prête à revêtir d'une sorte de corps les opérations accomplies par l'esprit et à les transmettre aux organes externes. La parole, modifiée dans ses assises fondamentales ou racines par l'action successive de plusieurs coopérateurs, a dû se produire simultanément avec le premier développement de l'esprit, dont elle a activé les fonctions ; elle reste le témoignage ineffaçable des gradations successives par lesquelles ont passé les différentes élaborations de la pensée.

Le développement des opérations intellectuelles, impossible sans le langage, c'est-à-dire sans la coopération de plusieurs intelligences, est l'œuvre du *moi* collectif, qui est le vrai facteur exclusif des productions intellectuelles, contrairement à ce qui a lieu dans les opérations sensitives, où le *moi* individuel agit seul.

Nonobstant, chaque *moi* pensant puise sa propre conscience personnelle dans la collectivité dont il fait partie nécessaire et intégrante. La conscience des idées n'est pas exclusive et directe comme celle des sensations, mais elle est tout aussi évidente, puisqu'elle naît simultanément dans tous les éléments qui composent le *moi* collectif, et qu'elle se reflète immédiatement dans chacun d'eux.

On voit, par ce résumé, que les deux grands ordres moraux du développement humain restent constamment en corrélation entre eux. Sans les images, c'est-à-dire sans les sensations, il n'existerait pas d'idées, et sans le langage, les idées ne pourraient jamais se développer. L'organisme sensitif accompagne sans interruption, dans tout leur cours, les émanations de la substance intellectuelle, en leur servant d'abord de point de départ et en étant ensuite, à son tour, perfectionné par elles.

CHAPITRE II

Tout ce que l'homme embrasse dans le domaine possible de ses sens, depuis la terre qui le porte, jusqu'au ciel qui l'environne, tout est pour lui compréhensible. Au contraire, les êtres simplement animés, y compris ceux qui sont doués de l'organisation la plus perfectionnée, ne connaissent que les propriétés extérieures des objets que l'instinct suffit à leur révéler. La connaissance plus ou moins grande est subordonnée au degré et à l'extension de la solidarité qui existe entre les êtres et les choses.

La solidarité de l'être intellectuel s'étend non seulement à tous les phénomènes sensibles et apparents de la nature, mais encore et surtout, comme nous l'avons démontré, à toutes les propriétés qui leur sont inhérentes et à toutes les relations qui existent entre eux, parce que c'est exclusivement au moyen de cette connaissance que l'intelligence se développe et que, dès lors, elle n'existe que pour l'acquérir. Il s'ensuit que la règle des actes intellectuels concorde avec le degré et avec la quantité des notions acquises de la nature. Ce qui veut dire que l'intelligence se coordonne progressivement avec le système universel dont elle fait partie.

En effet, mis en présence de la nature, l'homme n'en découvrira certainement pas l'essence intime, mais il en découvrira toutes les manières d'être, toutes les formes et tous les enchaînements. Il demandera à la motte de terre, à la goutte d'eau, à la bulle d'air, le secret de leur cohésion ; à l'arbrisseau comment la sève et la chaleur circulent des racines aux feuilles, et comment celles-ci se colorent. Il suivra dans les animaux, dès l'embryon, leur structure anatomique, en remarquant la diversité des organes et des tissus selon les milieux, la nourriture et les aptitudes. Il découvrira parmi eux des populations innombrables avec des habitudes de reproduction et d'existence entièrement différentes de celles des espèces les plus connues, et même quelques êtres animés difficiles à distinguer au premier abord des végétaux. Les anneaux de la chaîne interminable des phénomènes naturels sont en effet tels, que, bien que nettement distincts l'un de l'autre, il y a néanmoins liaison entre la dernière manifestation d'une forme et la première esquisse de la forme contiguë, et l'on retrouve presque dans tous les mêmes éléments fondamentaux, différemment combinés et disposés.

Ces éléments, il saura les isoler en décomposant leurs composés, de même qu'il saura, après les avoir isolés, les réunir de nouveau en les modifiant, en les transformant même, en changeant parfois leur aspect primitif. Il saura recueillir partout des parties infinitésimales des diverses grandes manifestations de l'énergie physique qui se propage à travers l'univers, et s'en faire des forces propres. Il saura que ces forces se puisent au centre de notre système, dans le soleil. Il connaîtra les substances qui constituent cet astre et ses cataclysmes, c'est-à-dire celles de ses vicissitudes périodiques qui se rattachent aux vicissitudes de notre planète. Il étendra ses connaissances au delà même des limites de notre centre cosmique spécial, et il distinguera les caractères de nombre d'autres soleils, bien que les rapports qui existent entre eux et le nôtre nous soient inconnus.

La faculté de causalité, de proportion et d'équivalence propre et inhérente à l'intelligence est telle, que, si d'autres phénomènes, outre ceux de la nature qui nous environne, lui étaient présentés, l'intelligence saurait sans doute en reconnaître les propriétés. Mais le protoplasme des protoplasmes est loin de nous! La cause efficiente de la coordination de tous les phénomènes du système solaire auquel l'homme appartient doit nécessairement se produire en dehors de ce système, puisque nous savons qu'il fait partie intégrante d'un ordre plus complexe.

Or, la chaîne des relations mutuelles, laquelle passe ses étroits chaînons dans toutes les choses et dans tous les êtres d'une même création ou d'un même type de développement, est encore plus évidente lorsqu'elle unit les *moi* intellectuels. La conscience de la solidarité avec la nature universelle n'est acquise par l'intelligence, comme on l'a vu, que collectivement, et réside dans l'humanité tout entière depuis qu'elle a paru sur la terre, à travers tous les siècles et toutes les régions où elle s'est ramifiée.

Aussi l'homme cherche-t-il, sinon sa première origine directe, du moins sa filiation directe avec ses ancêtres primitifs et coopérateurs identiques. Les exhumant des couches profondes constituées par des conditions géodésiques différentes de celles d'aujourd'hui, il fixe les époques des ramifications successives du genre humain, au moyen de l'aspect des éléments qui composent les terrains où il rencontre ces reliques, au moyen de la distribution correspondante des eaux, au moyen de la présence des espèces végétales et de celle des espèces animales; il recompose leur histoire grâce à de multiples observations anatomiques, grâce aux indices du langage, qui indiquent la formation successive des groupes ou races et l'itinéraire de leurs migrations; il établit enfin le degré de civilisation relative de chaque société, grâce à la matière et à la forme de ses ustensiles et de ses habitations, grâce à sa domination agrandie sur la végétation et les animaux, à la nature de ses aliments, aux cérémonies sacrées, à l'industrie et, en dernier lieu, aux arts du dessin. C'est ainsi que le silence même non seulement des tombeaux, mais des abîmes, se change en parole révélatrice, et l'homme des grottes primitives et des cités lacustres s'identifie avec l'homme vivant aujourd'hui. Et ni les cataclysmes géologiques, ni ceux qui ont pu frapper la descendance humaine ne parviennent à interrompre la synthèse que l'être intellectuel a composée ou, pour mieux dire, créée de la nature universelle.

Or, des vérités successivement révélées à l'intelligence découle et pénètre en lui la conviction que l'action réciproque entre les objets et les êtres a ses effets invariables, constants et nécessaires, et que, pour cela, elle s'accomplit d'une façon distincte dans sa sphère et dans des limites qu'elle garde inviolablement.

De là émane le précepte de justice, la justice étant (dans le sens des présentes déductions exclusivement renfermées dans le champ des faits observables) le respect dû à tout ce qui existe conformément à l'ordre de la nature, parce que, s'il était transgressé, il faudrait conclure à la non-existence de cet ordre même.

De la coopération des êtres intellectuels, nécessaire pour connaître, comprendre et savoir, comme pour perfectionner leur développement, naît en eux la série des sentiments de réciprocité, qui va de la bienveillance jusqu'à l'amour fraternel, lequel n'est autre chose que l'expression de la solidarité à son plus haut degré.

De l'harmonie, c'est-à-dire de la continuité d'une même force qui se développe dans ses modes de manifestation, toujours variée et toujours graduelle, naît le type du beau qui, en effet, a pu être appelé avec raison *idéal*, parce que, pour représenter le vrai, il faut bien le représenter selon les limites de chaque manifestation prise universellement et non pas dans une seule de ses parties, ce qui serait incomplet.

Donc, la connaissance graduelle des phénomènes naturels, qui se relient tous entre eux, constitue la conscience de l'homme et règle ses actes.

CHAPITRE III

DÉFINITION DU PROGRÈS MORAL.

Les caractères que le progrès manifeste en général, aussi bien quand sa marche se réalise dans le monde physique que lorsqu'elle se révèle dans le monde moral, le lecteur les connaît tous désormais. De l'analyse précédemment faite des éléments qui concourent à l'engendrer, il résulte que le progrès ne peut plus être considéré comme les phénomènes qui existent par eux-mêmes, qui exercent et subissent une action quelconque, mais qu'il doit, au contraire, être regardé comme un mode déterminé d'action accumulatrice inhérente à tous ces mêmes phénomènes indistinctement.

La notion du progrès ainsi conçue, toutes les incertitudes et les obscurités qui l'accompagnaient disparaissent.

Il ne se produit pas dans la nature un phénomène auquel la notion du progrès, énoncée de cette manière, ne puisse être appliquée. On ne pourrait la rejeter que seulement par rapport à une objectivité qui garderait en elle-même un état d'inertie complète et perpétuelle, si un tel état est supposable au sein de la nature vivante. Pour cette raison, le progrès équivaut, dans son sens le plus étendu, à un mouvement produisant une accumulation d'acquisitions successives ou d'accroissements.

Appliqué maintenant plus particulièrement aux deux sphères morales des sensations et des idées, sa signification prend un sens plus décidé et correspond avec exactitude aux opérations qui s'accomplissent dans l'organisme sensitif de l'homme et dans son développement intellectuel. Par l'aptitude des sens, l'homme, mis en contact avec les manifestations de la nature, en reconnaît les qualités apparentes et, par la faculté inhérente à l'intelligence, il découvre les propriétés intimes des phénomènes naturels reliées entre elles. Toute découverte lui sert d'échelle pour en atteindre d'autres, nouvelles et plus hautes, de chacune desquelles il tire des moyens ultérieurs dont il se sert pour agrandir le champ de ses connaissances. Toute connaissance acquise par lui contribue à compléter, dans sa conscience, l'image de l'ensemble harmonieux de la nature.

De là découle évidente la définition du progrès moral à savoir : « le progrès moral est constitué par les degrés successifs que l'intelligence, grâce à une tendance innée chez elle, parcourt dans la connaissance des lois de la nature, afin de réaliser son développement et de conformer ses actes à l'ordre universel, dont elle fait partie. »

La fin de l'homme (non pas dans le sens de finalité absolue, mais de fonction nécessaire et complète, fin circonscrite, pour le moment dans ces recherches, en la seule sphère des faits qui tombent sous l'observation) est démontrée de cette manière par les deux éléments essentiels qui la déterminent: la nature et le *moi*, lesquels éléments agissent réciproquement l'un sur l'autre.

CHAPITRE IV

LIMITATION DU PROGRÈS MORAL.

Le champ du savoir humain, où l'on a toujours à moissonner de nouvelles découvertes, apparaît si vaste qu'on le considère comme indéfini. Il arrive même que chaque moisson nouvelle semble en élargir davantage le circuit, soit à cause du caractère particulier de l'intelligence, soit à cause du perfectionnement d'aptitudes que développe en lui l'exercice croissant. Et cependant, selon la définition énoncée plus haut, le progrès moral rencontre finalement un point où il faut qu'il s'arrête.

La limite suprême de chaque branche du progrès est marquée par le sommet atteint dans la connaissance des phénomènes naturels qui la composent, comme, dans l'ascension d'un mont, la cime est le but forcé du voyageur. Le développement de l'être intellectuel ne peut se poursuivre plus loin que l'horizon où la nature sensible le renferme, en dépit des étendues immenses que l'on croit entrevoir encore par delà la ligne de limite démesurée, mais inaccessible.

Néanmoins, même en restant fidèle à la méthode qui

préside à ces recherches, il est impossible de ne pas reconnaître que la notion de l'infini est d'accord avec le vrai, dans le domaine de l'observation. L'infini existe, parce que de l'universalité des faits il résulte deux choses : 1° que ce qui a son origine dans une série de manifestations préexistait déjà en germe ou en puissance; 2° que, quelques variations de formes et quelques dissolutions d'éléments qui surviennent, rien n'est jamais détruit.

On peut encore ajouter qu'en continuant à ne pas se livrer à des spéculations basées sur la finalité du *moi* pensant, la synthèse complète de la nature, composée ou plutôt créée par l'être intellectuel, est vraiment une substance qui, comme toutes les autres substances, ne peut s'anéantir, même si le soutien sensitif des idées, c'est-à-dire le langage, disparaissait. Mais quelles que doivent être les conditions réservées ultérieurement à l'œuvre de l'homme, celle-ci, nécessairement, cesse par le fait de l'épuisement des connaissances naturelles.

CHAPITRE V

Quoique la discontinuité du progrès moral ait été précédemment, dans le chapitre V du livre I, considérée déjà comme l'un de ses caractères distinctifs et démontrée comme la conséquence immédiate de sa manière unique de procéder, il est cependant utile d'en parler à un point de vue plus large, à la suite des termes mêmes de la définition que nous venons d'énoncer, tant les applications qu'on en peut faire à l'étude de la civilisation humaine sont nombreuses et importantes.

Le progrès moral est, en effet, successif et non pas continu.

Comme il a déjà été dit au chapitre cité, le continu, dans le sens absolu du mot, peut être distinct, mais non pas interrompu. Or, la chaîne humaine se forme matériellement par la substitution d'individus à individus, et moralement par la transmission d'individus à individus, bien que le progrès moral se développe seulement par la collectivité. Par conséquent, l'intervention d'un facteur nouveau et toujours différent fait que l'interruption dans la manière de procéder du progrès moral est constante et nécessaire. Mais l'ordre successif, quoique intermittent, renferme en soi la raison des rapports réciproques qui unissent l'acte présent à celui qui l'a précédé. Dans les phénomènes immédiats de la nature organique et inorganique, on peut observer que l'intermittence du passage d'un acte quelconque se produit par suite de la composition moléculaire des corps. Dans le développement moral, au contraire, l'intermittence est déterminée par l'essence même de l'humanité, qui est constituée par des individus distincts et différents. Ici, en outre, la transmission se manifeste tout à la fois multiple et complexe, c'est-à-dire que plusieurs connaissances de valeur ou de degré d'intensité différente sont transmises par un ou par plusieurs à un ou à plusieurs individus. Et ce n'est pas assez : des connaissances accumulées, des synthèses complètes de ces connaissances se transmettent par des groupes d'individus, par des peuples et des sociétés à d'autres peuples et à d'autres sociétés.

Dans ces passages ou transitions, il s'introduit des modifications toujours nouvelles et nombreuses, aussi bien en raison de l'accroissement apporté par le nombre des nouveaux facteurs, que de l'aptitude différente qu'offrent ces derniers, soit à cause du milieu physique où ils se trouvent, soit à cause du degré de compréhension acquis dans l'état moral auquel ceux-ci se sont élevés. De sorte que le progrès moral, qui suit des lignes si inégalement tracées et avec des directions si diverses, est à la fois intermittent et inégal.

CHAPITRE VI

Pour peu qu'on veuille suivre dans l'histoire la marche de la civilisation, on s'aperçoit qu'elle correspond aux qualités du progrès que vient de nous révéler l'observation de sa manière intrinsèque de procéder. La civilisation s'est-elle jamais propagée universellement, égale et parallèle dans tous les groupes de la société, chez tous les peuples, chez toutes les races ? Le savoir humain a-t-il par hasard développé toutes ses branches, avec la même force d'intensité, dans chaque classe d'un seul de ces groupes ?

A l'égard de la première question, il n'y a pas de peuple qui, se croyant en possession d'un certain degré de civilisation, ne se soit reconnu le droit de considérer comme inférieurs à lui d'autres peuples voisins. Les Perses, les Grecs, les Romains, ont successivement appelé *barbares* les nations qui n'atteignaient pas à la hauteur de leur vie civile ; et de même l'Europe moderne, mais peut-être avec un sentiment moins dur, appelle encore aujourd'hui *barbares* les peuples restés en dehors de son orbite.

Quant à la seconde question, la religion, les sciences,

les lettres, les arts, qui, dans les premiers temps, formaient le domaine exclusif de quelques castes et de quelques écoles, sont encore aujourd'hui l'héritage privilégié de classes très restreintes. En outre, dans ces mêmes castes, écoles et classes, quelques personnalités ont en tout temps dominé les autres.

Dans les annales des sciences brillent des noms dont la splendeur efface ceux de la foule des hommes, qui à côté d'eux, cultivaient la même branche de savoir. Pythagore, Platon, Aristote, Hippocrate, Ptolémée, Cicéron, Galien, saint Thomas d'Aquin, Bacon, Descartes, Kant, ont non seulement éclipsé leurs collaborateurs et leurs confrères contemporains, mais sont restés, durant des siècles, les maîtres indiscutables dont l'autorité s'est accrue par le travail même de la postérité.

En outre, à quelle époque a-t-on vu l'ignorance et la superstition ne pas accompagner le vrai savoir dans une même ville ? Socrate a pu être mis à mort dans l'une des villes les plus éclairées qui aient paru sur la terre ; Galilée a pu être persécuté à Florence et à Rome, quand Rome et Florence étaient les principaux foyers de la civilisation moderne. Tycho-Brahé et Copernic, sans parler des autres, ne durent-ils pas essayer de voiler la trop vive lumière qui jaillissait de leurs calculs et de leurs observations, au milieu des ténèbres où étaient plongés les hommes les plus instruits de leur temps ? Des légendes mystérieuses, de sourdes accusations de magie et de sorcellerie circulèrent longtemps autour des hardis expérimentateurs de

la chimie naissante et des fondateurs de l'abstruse astronomie. Plus tard et jusqu'à nos jours, dans les centres
mêmes de la civilisation européenne, les découvertes les
plus fécondes ont été accueillies tantôt par la méfiance,
tantôt par l'indifférence.

Et ce n'est pas tout : il résulte encore de l'histoire que
telle branche du savoir progresse dans une région tandis que, dans une autre, une branche différente se développe avec une activité plus grande. Dans l'Asie en général, et plus particulièrement à l'ouest, les spéculations
religieuses ont atteint le degré le plus élevé de leur développement. En Grèce, au contraire, ce sont les arts et les
belles-lettres qui ont touché le plus haut point de la perfection, perfection que notre Europe moderne contemple
encore d'un œil d'envie, quelque avancée qu'elle soit en
tout genre de culture.

L'Asie et l'Égypte approfondirent surtout la science des
rapports qui existent entre l'humanité et la nature, c'est-
à-dire le concept de la création. Au rebours de ses
premières institutrices, la Grèce concentra ses efforts à
mettre en relief les qualités personnelles de l'Homme, considérant la nature elle-même comme sa dépendante. Tandis que l'Orient divinisait la nature, la Grèce divinisa la
personne humaine. Et ce fut là le meilleur de son œuvre ;
car, à vrai dire, les sciences et la philosophie qu'elle a vul-
garisées avec tant d'éclat, elle les avait reçues en héritage
de l'Asie et de l'Égypte. Les Phéniciens furent les plus in-
fatigables promoteurs du commerce et servirent d'inter-

médiaires entre les anciennes nations et les nouvelles,
encore barbares. Les Romains perfectionnèrent l'art militaire en même temps qu'ils organisèrent le système
le mieux réglé de la vie civile. Les armes et la toge, la
conquête et le code se montrèrent unis pour la première
fois et consolidèrent, dans toute l'étendue du monde
alors connu, la justice et la paix.

Rome n'eut de supériorité que dans la guerre, le droit
et l'administration ; elle fut inférieure aux grandes nations asiatiques, égyptiennes et grecques dans toutes les
autres branches du savoir. A l'exception de Virgile, ses plus
grands écrivains, César, Cicéron, Salluste, Tacite, furent
moins de grands littérateurs que des politiques profonds.

Tout au contraire, l'Italie moderne, au milieu du
tumulte des armes qui s'élevait autour de ses frontières,
se recueillit dans l'étude, et, presque désarmée, elle imposa
à la société barbare qui la pressait de tous côtés les nouvelles assises du vrai et du beau.

Venise, la Hanse teutonique et la Hollande remplacè-
rent les anciens Phéniciens. L'Espagne et le Portugal,
plus hardis, ouvrirent par la navigation des champs
démesurés à l'activité européenne. L'Allemagne, avec sa
réforme religieuse, revendiqua pour l'esprit la liberté
de l'examen. L'Angleterre établit, la première, des garanties durables contre les excès des classes encore en
possession des privilèges politiques. La France enfin,
fermant l'ère trop longue de la féodalité, mit la main à la
réforme sociale sur la base de l'égalité.

CHAPITRE VII

TRANSLATION DU PROGRÈS MORAL.

L'histoire de tous les peuples est unanime à affirmer cette condition générale de l'activité humaine, à savoir qu'une grande initiative, dans une branche déterminée, absorbe la majeure partie des forces d'une nation au détriment des autres branches. On peut le démontrer par des exemples tout récents, dont quelques-uns sont encore sous nos yeux.

Dans une période de soixante-dix ans, la France a vu « sur l'autel et dans la poussière », selon l'expression de Manzoni, deux empires napoléoniens. Le premier l'avait transformée en un immense arsenal de guerre, d'où il tirait sans cesse des armées triomphales pour dicter ses lois à l'Europe entière ; et même alors qu'il disparut de l'horizon, une radieuse auréole, pareille à celle qui accompagne le coucher du soleil, environna la chute du géant. Or, à une élévation si exceptionnelle du système militaire répondit le déclin de toute discipline intellectuelle, de l'industrie et de la manufacture.

Au contraire, le second empire, qui sembla lui aussi

s'élever par les armes et vivre pour les armes, périt misérablement par elles, sans qu'un seul rayon de gloire vînt, suivant les conventions des rhéteurs, couronner la fin du guerrier. C'est que c'était un faux empire ; aussi, dans la catastrophe inouïe, seuls les insignes apparents du militarisme furent détruits, tandis que la vie économique et la vie intellectuelle de la nation française, qui n'avaient pas été détournées de leur cours naturel, ne subirent point d'arrêt dans leur magnifique développement.

Et, actuellement, dans notre Italie elle-même, tandis que l'indépendance qu'elle a reconquise, grâce au concours de toutes les forces vives de la nation, fait battre de joie notre cœur à tous, notre esprit n'est-il pas attristé par l'infériorité du niveau de son industrie, de ses arts et de ses sciences ?

La préférence qu'un groupe social accorde au développement d'une plutôt que d'une autre branche de sa propre activité est déterminée par les conditions du climat, par les habitudes d'existence déjà contractées, par ses communications avec les groupes voisins, par l'importation de doctrines et de coutumes étrangères, ainsi que par ses traditions particulières. Mais aussi, l'application assidue d'un peuple à développer une aptitude spéciale le rendelle, dans cette aptitude, supérieur en peu de temps à tous les autres.

Qu'on parcoure une région, une province, et l'on verra que dans tel endroit c'est l'agriculture, dans tel autre l'industrie qui est la plus prospère, et que là où une

branche de l'agriculture ou de l'industrie est plus perfectionnée, les autres branches sont négligées. Qu'on passe,
de même, d'une université à l'autre, et l'on verra que
dans celle-ci une science ou une branche du savoir est en
honneur plus que dans celle-là, ou vice-versa, et que si
une école brille d'un plus vif éclat, ceux mêmes qui cul-
tivent les autres branches scientifiques suivent d'un œil
avide ses progrès, et mettent moins d'ardeur à l'avance-
ment de leur propre science.

La raison de ces phénomènes réside dans la différence
des aptitudes naturelles ou acquises, et, en même temps,
dans le degré supérieur ou inférieur de préparation
nécessaire pour atteindre ou dépasser le développement
obtenu ailleurs.

Pour achever le perfectionnement d'une institution
militaire, politique, économique, religieuse, d'une science,
d'un art ou d'une industrie, il faut que les efforts de
ceux qui doivent y contribuer se coordonnent entre eux et
convergent vers le même but. C'est pour cela que, dans
le centre où se produit l'initiative, les contours et les
formes du type qu'on veut réaliser se dessinent en rapport avec les connaissances acquises et avec les aptitudes
qu'on possède. Une fois l'ensemble achevé, il faudra
défaire le métier pour commencer un nouveau tissu.

Si l'on veut entreprendre le perfectionnement ultérieur
du même objet, on a besoin d'autres connaissances,
d'autres aptitudes, un concours de circonstances man-
quant au centre social qui s'était chargé de l'œuvre. En

attendant, son activité est attirée par d'autres entreprises, tandis que la première, objet de son travail, va parfois demander à d'autres groupes les perfectionnements qu'il n'est plus capable d'y apporter lui-même.

Nous voyons souvent la même idée progresser successivement chez plusieurs nations, à des époques différentes. La phalange grecque devient l'admirable unité militaire qu'on a appelée la « légion romaine » ; les assemblées des hommes libres en Allemagne se transforment, en Angleterre, dans le libre Parlement; les émancipations, partielles des divers États de l'Europe se coordonnent et se complètent dans la grande Révolution française ; la religion dogmatique de Brahma, sur le Gange, se transforme encore plus à l'Orient et devient la religion morale du bouddhisme ; l'électricité, avec Volta et Galvani, passe de l'Italie en Angleterre, en Amérique et en Allemagne, où elle se développe sans limite; la peinture du treizième siècle s'élargit au seizième, et les Flandres et l'Espagne y introduisent une plus exacte observation du vrai, y prodiguent des richesses de tons que l'école vénitienne elle-même n'avait pas trouvées en Italie. Ne dirait-on pas que le progrès émigre, sitôt qu'il cesse d'être alimenté? Quoi qu'il en soit, l'activité d'un groupe social se partage en périodes, qui ont pour mesure le degré de connaissances et les qualités spéciales dont le groupe est doué.

Car, si, en avançant dans nos recherches, nous voyons s'éclaircir de plus en plus l'idée que le progrès réside dans le fait général de la mutualité de l'être intellectuel et de la nature, jamais pourtant la décadence de tel ou tel peuple ne se vérifie, même partiellement, à moins que les lois naturelles n'aient été violées par lui dans le cours de son existence.

CHAPITRE VIII

Ce qui a été énoncé dans le chapitre précédent n'affaiblit aucunement la vérité de cet autre fait général, à savoir
que le progrès, soit d'une synthèse scientifique, soit d'une
forme de la vie sociale, soit d'une industrie, contribue
en même temps au progrès de tous les autres ordres de
connaissances. Nous voyons aujourd'hui, par exemple,
la Prusse, la plus récente des régions de l'Europe centrale qui soit entrée dans la haute assemblée des nations
civilisées, exercer, pour l'instant au moins, une dictature incontestée sur la plupart des peuples, grâce à son
évidente supériorité militaire et au développement de
tous les genres d'études, tout aussi évident chez elle.

Le même spectacle nous est offert par l'Angleterre
depuis un plus long espace de temps. Si elle a si démesurément agrandi sa puissance maritime, elle le doit à la
fondation successive de ses écoles scientifiques et à l'apparition, non interrompue, chez ce grand peuple, d'écrivains du premier ordre. La navigation, le commerce, le
régime des grandes colonies, non moins que l'art de la

guerre, exigent aujourd'hui, dans l'ensemble comme dans le détail, depuis les chefs jusqu'aux derniers subalternes, des connaissances compliquées et profondes.

Le secours mutuel que se prêtent la science, l'industrie et les différentes branches des sciences entre elles est encore plus visible. Lorsque, dans celles-ci, les découvertes de l'une sont utilisées par toutes les autres, il arrive, comme à l'époque actuelle, que le niveau général s'élève. De nos jours, outre les mathématiques et la mécanique, la chimie et même la photographie, qui en dérive, concourent au progrès de l'astronomie. Outre les notions chaque jour plus nombreuses et plus importantes de la chimie, outre celles de la botanique, l'étude anatomique comparée de tous les êtres du règne animal, l'étude spéciale des tissus et la physiologie viennent en aide à la médecine. Les lois économiques se rattachent au principe du droit, les dogmes des théologies accompagnent les recherches historiques, et l'histoire, à son tour, ne peut se séparer des recherches géologiques.

L'échange qui existe entre les sciences et l'industrie n'est pas moins bienfaisant. La physique met continuellement à là disposition de toutes les industries de nouvelles forces de la nature avec de nouveaux aspects, de nouvelles formes et de nouvelles adaptations, en les appropriant aux champs, aux usines, aux laboratoires, aux voies publiques, aux théâtres, à tous les besoins de l'existence déjà large et qui s'élargit encore chaque jour davantage.

La chimie contribue à la culture de la terre et aux

manufactures si variées; elle suggère des méthodes pour l'élasticité des tissus de fils et des cuirs; elle fournit la composition de couleurs ignorées dans le passé; elle préside à l'alliage et à la malléabilité des métaux. La botanique, la géologie, la zoologie et la minéralogie préparent de nouvelles substances et de nouveaux aliments. L'astronomie et la météorologie président à la navigation. La géographie guide le commerce; de son côté, le commerce aide la géographie, en la précédant dans ses explorations, comme il est arrivé depuis Marco Polo, Jean et Sébastien Cabot, depuis les Zeni jusqu'aux hardis voyageurs de notre temps, qui cherchent autour des pôles les mystérieuses communications et les voies non moins mystérieuses des grands continents de l'Afrique et de l'Asie.

On peut donc conclure que la succession du progrès, qui est constituée par l'inégalité, s'opère encore nécessairement par la mutualité. La relation des différentes branches du progrès entre elles correspond à la relation qui existe entre tous les phénomènes de la nature.

LIVRE V

DE LA TRANSGRESSION DES LOIS DANS LE MONDE MORAL

CHAPITRE I

Étant démontré que le progrès, dans les limites de la nature, est permanent, la décadence de l'espèce humaine, prise dans son ensemble, n'est plus concevable. Essayez d'imaginer qu'acquisition vaut diminution !

Pour supposer que la décadence de l'espèce humaine soit possible, il faudrait pouvoir prouver que les rapports entre les facultés humaines et les phénomènes de la nature aient changé avec le temps. On a, au contraire, une preuve de fait tout opposée. La nature, dans la période de création à laquelle nous appartenons, est demeurée la même, et les facultés de l'homme n'ont point varié, ou, si elles ont varié, on ne peut l'entendre si ce n'est dans le sens que l'exercice et l'éducation les ont rendues, comme les autres sens, plus actives.

La Chaldée, l'Assyrie, l'Inde et l'Égypte n'ont pas laissé de monuments de la vie sociale, des arts et des sciences supérieurs à ceux des deux grandes époques successives de Rome et de la Grèce. Ni la Grèce ni Rome ne semblent s'être élevées, dans l'ensemble de leurs connaissances et de leurs mœurs, au-dessus de l'Europe moderne. Depuis le treizième siècle, l'Europe, avec Thomas d'Aquin, les deux Bacon, Descartes et Kant dans la philosophie, avec Copernic, Galilée, Newton, Staal, Lavoisier et Harvey dans les sciences, avec Dante, Shakspeare et Gœthe dans les lettres, avec Michel-Ange, Raphaël, Léonard de Vinci, Murillo, Rubens, Van Dyck, Mozart et Rossini dans les arts, avec la presse, la vapeur et l'électricité, avec la découverte de nouveaux continents, avec les nouvelles sciences d'observation, et enfin avec la suppression des classes privilégiées et la naissante solidarité des peuples, l'Europe ne cesse d'étendre le domaine des idées et le champ des applications.

La décadence partielle des nations est-elle au moins une théorie plus soutenable? Existe-t-elle cette fameuse montagne de l'activité humaine, sur laquelle la descente alterne sans trêve et fatalement avec l'ascension? Depuis Vico, devancé dans son idée des cercles perpétuels par Machiavel, et depuis Montesquieu jusqu'à Herder, Proudhon et Ferrari, l'alternative fatale est admise et expliquée. Les raisons alléguées par des écrivains d'un aussi grand mérite pour expliquer les vicissitudes nécessaires de l'élévation et de l'abaissement des nations, pourraient être regardées comme suffisantes, si l'on n'était mis en garde par le doute que le phénomène n'ait été étudié plutôt dans l'une de ses apparences que dans sa réalité tout entière.

L'élimination des classes entre elles, l'antagonisme de nouveaux intérêts, les conventions qui sont nées avec l'apparition de nouveaux éléments sociaux, la corruption des institutions, la prédétermination due au climat et aux circonstances locales, qui forment les bases de la doctrine fataliste ou presque fataliste, ne représentent que les phases accidentelles de la vie des nations.

Mais quelque chose de stable, de permanent existe dans les sociétés humaines et règle indistinctement leur développement. La vie normale de chaque groupe social est constituée par la connaissance de la nature, qui s'est successivement élaborée dans son sein. La violence des cataclysmes est seule capable d'interrompre ce travail régulier. En sorte que l'histoire ne commence pas aux événements causés par les conflits entre classes et classes, entre nations et nations; elle a sa source première dans le développement des facultés intellectuelles de l'homme.

Les conflits sont eux-mêmes le résultat des développements moraux accomplis dans l'existence des castes et des peuples qui ont lutté pour la prépondérance. L'œuvre produite contemporainement par les deux adversaires absorbe toute l'activité de chacun d'eux. Si, dans la suite, le vainqueur s'enrichit du produit du vaincu, celui-ci entreprend une nouvelle œuvre, à laquelle l'œuvre même de son heureux adversaire ne reste pas étrangère; car les peuples qui tombent ne cessent pas pour cela d'exister. Il ne semble pas que la philosophie de l'histoire ait jusqu'à ce jour poussé de ce côté ses recherches. A l'exception de quelques rares écrivains, tels que Gabriel Rosa, dont j'aurai l'occasion de parler ailleurs, l'école critico-historique, trop historique encore, ne s'est peutêtre pas, malgré les brillants résultats obtenus par elle, astreinte avec assez de rigueur à la méthode de l'observation.

CHAPITRE II

Voyons maintenant ce qu'elle est, en réalité, même historiquement, cette loi fatale, par laquelle les peuples, ayant monté avec angoisse l'échelle de la civilisation, seraient ensuite obligés de la redescendre tristement, comme pour expier le succès de leurs efforts et de leur travail! Sans fureter dans les annales des nations anciennes, ou plutôt des races diverses qui se croisèrent et se substituèrent les unes aux autres dans la Mésopotamie et dont quelques-unes conservent encore leur souveraineté absolue sur les peuples qu'elles ont subjugués, tels que les Aryens dans les Indes orientales, les exemples les plus fameux de décadence nous sont fournis par la Grèce et par Rome.

Depuis le siège de Troie jusqu'au siège de Corinthe, il s'écoula mille ans, et la Grèce resta encore l'institutrice vénérée des Romains dans les arts et dans les sciences. Au commencement de l'ère nouvelle, l'école d'Alexandrie ne brilla pas d'une lumière moins vive que l'école d'Athènes et résuma le savoir du monde antique.

L'empire de Byzance ou de Constantinople fut si bien l'œuvre commune des Romains et des Grecs, les caractères des deux nations s'y entrelacèrent de tant de manières, qu'il est difficile de discerner laquelle des deux a le plus contribué à le constituer. Mais, pour le conserver et pour prolonger l'incomparable durée de son existence, c'est l'énergie grecque qui prévalut peut-être avec Michel Paléologue et avec les Lascaris. Voyez maintenant, depuis l'expédition de la Colchide jusqu'à la chute de l'empire d'Orient, vingt-huit siècles environ, quel cours immense eut l'expansion de la Grèce et de combien de créations elle fut la source féconde !

Quant à la décadence de Rome, à quelle époque faut-il la fixer? Les rhéteurs la placent à la chute de la République; les peintres la caractérisent par la corruption des mœurs qui s'accentua au temps d'Auguste. Le nom sacré de république s'éclipsa, il est vrai; la virile sobriété antique s'affaiblit, mais les classes populaires se dégagèrent de la lourde tutelle de leurs rivaux privilégiés, et les frontières de la ville, étendues jusqu'aux derniers confins du monde alors connu, introduisirent chez elle en abondance tout ce que produisaient de plus confortable et de plus élégant les autres nations.

L'idée romaine qui, développée parmi les âpres luttes du forum, tendait à élever au-dessus des événements mobiles de la Force et du Hasard la règle immuable de l'Équité, assura son propre triomphe par la forme de l'empire. Regardée de près, l'immoralité des Césars a pu sembler

répugnante; mais, de loin, elle se para de la grandeur de
la paix imposée, autant que les temps le permettaient,
aux classes de la société et aux nations de l'univers.

On ne peut davantage qualifier de décadence l'ère des
Antonins, alors que l'empire, au milieu du réveil des arts
et des sciences, prit, pour la première fois dans le monde
latin, l'aspect d'un État dans lequel toutes les branches de
la vie sociale se coordonnent jusque dans les moindres
détails. Système erroné, sans doute, mais aussi œuvre
d'une initiative hardie et neuve, où se révèle la vitalité du
peuple qui l'entreprit.

Et ce n'est pas non plus une preuve de décadence que
la tentative de Dioclétien pour partager son vaste empire, selon le cours du soleil, en occidental et en oriental,
pour conformer le gouvernement, qui devenait chaque
jour plus compliqué, au caractère des nations et des races
dont il était composé.

L'anarchie militaire manifeste certainement l'entrée
de nouveaux éléments dans l'orbite romaine. Ces éléments
décèlent la légitime ambition de peuples mûris au soleil
de la civilisation latine, lesquels, à leur tour, revendi-
quent leur propre hégémonie; mais Rome n'en garda
pas moins son siège élevé de guide et de reine des
nations.

L'idée de Marc-Aurèle et de Dioclétien fut complétée
par Constantin. Grâce à cet empereur, l'élite de Rome
alla camper sur les rives du Bosphore, afin que la source
de tous les pouvoirs pût de là, comme du centre le mieux

approprié des trois continents anciens, communiquer plus régulièrement la vie jusqu'aux limites extrêmes du colossal empire.

A l'unité politique on donna pour soutien l'unité religieuse; la loi positive reçut sa sanction de la loi surnaturelle; de sorte qu'aucune force de l'activité humaine ne put se soustraire à la domination de l'institution qui voulut se constituer la providence souveraine de la terre. Telle fut la transformation surprenante et sans exemple accomplie par Rome, à l'heure où, exténuée en apparence par l'énormité de son pouvoir et par la compression des masses des barbares qui l'enserraient de toutes parts, elle semblait toucher à son suprême déclin. Il faut compter plusieurs siècles pour chacune de ces phases, représentant, par ses caractères politiques, militaires, économiques et religieux, une société toute dissemblable de celles qui la précédèrent ou la suivirent.

Dans l'ère de Byzance ou de Constantinople, Rome s'était adjoint comme collaboratrices la Grèce, l'Asie et l'Église; elle reçut de la première le culte exclusif de la forme; de la deuxième, la propension aux subtiles spéculations de l'ascétisme; de la troisième enfin, la tendance irrésistible à l'immobilité. L'esprit pratique propre au peuple latin fut, par conséquent, étouffé par les qualités de ses alliées; et l'édifice élevé par le travail commun, prodige de mécanisme et d'ornementation, manqua de l'élasticité et de la vigueur qui lui auraient servi à résister aux oscillations continuelles et toujours renaissantes de ces temps. Il tomba, en effet, comme Jéricho, si on peut le dire, au bruit épouvantable des cris poussés par les hordes innombrables, qui, pour pénétrer dans la société romaine dont l'entrée leur était interdite, l'assiégeaient et la pressaient de toutes parts.

Et, cependant, parmi les ténèbres, dans la confusion qui bouleversa le monde civilisé à l'arrivée inopinée de la grande masse barbare, un phare se dressa tout à coup, vers lequel la société égarée tourna ses regards suppliants; et, cette fois encore, la bienfaisante lumière vint de Rome. Ce n'était plus l'empire des armes, c'était cette même mission que la puissance tribunitienne avait déjà commencée pour la défense des opprimés. Des Gracques aux Césars et des Césars aux pontifes chrétiens, le fil historique des revendications de la justice, en faveur des classes sociales et des nations abattues par la force, n'a jamais été interrompu.

Un nouveau ciment pour renforcer le droit de solidarité vint de l'expansion affectueuse qui, alors pour la première fois, naquit de la conscience humaine, se reconnaissant dans l'origine commune de tous les hommes. L'émancipation n'eut plus sa source dans la passion de la haine ancienne, mais dans le sentiment de charité. La *fraternité* est, en effet, le verbe nouveau, avec lequel Rome guide encore, durant plus de mille ans, la société chrétienne, comme elle avait déjà pendant mille ans guidé la société païenne avec le principe d'équité.

On pourrait multiplier les exemples, sans que l'opinion

de la décadence inhérente aux peuples paraisse mieux justifiée. Même les dernières subdivisions des races antiques aussi bien que des races modernes, subdivisions qui représentent une partie des peuples actuels, continuent à subsister, si ce n'est au sommet du progrès, du moins au rang qu'elles ont occupé dans d'autres périodes, à moins qu'un cataclysme — invasion ou dispersion — n'ait suspendu leur existence normale.

Et encore peut-on invoquer, contre la dispersion, la vitalité du peuple hébreu, qui, morcelé en colonies innombrables, trouve dans ses deux supériorités caractéristiques, la religion et le commerce, l'unité inaltérable de la patrie. De même, contre les effets de l'invasion, s'élèvent les témoignages de la force qui dure encore dans la Grèce d'aujourd'hui, où l'on peut, non sans raison, supposer qu'il ne reste plus une seule goutte de vrai sang hellène. La Gaule, l'Ibérie, la Bretagne ancienne, la Perse moderne, les peuples plus récents roumains et slaves, et enfin les peuples italiques du moyen âge réapparaissent tous, après les invasions, avec le caractère distinctif, en partie du moins, de leur existence primitive.

Les Arabes seuls semblent, à vrai dire, démesurément diminués après leurs foudroyantes conquêtes. Mais la péninsule triangulaire est restée ce qu'elle avait été d'abord. L'Asie et l'Afrique se sont levées à la parole résurrectionnelle de Mahomet. La Syrie grecque, l'Afrique romaine, Bagdad, dernier foyer de l'ancienne civilisation perso-chaldéenne, ont fourni, avec la multitude des guer-

riers, les collectionneurs de livres scientifiques, les fondateurs des écoles, les réformateurs de l'agriculture et
les artistes qui représentèrent, dans la période dite des
Arabes, tout ce que possédait de civilisé l'Orient tout
entier. De même que les aventures grandioses des Normands, les conquêtes des compagnons de Mahomet sont
restées étrangères à la nation dont ils sortaient. Ni les
pays scandinaves, ni l'Arabie ne régnèrent sur les empires conquis par leurs fils. La part de l'Arabie se borna
presque tout entière à l'idée religieuse de l'islamisme ; or,
l'Arabie demeure toujours la gardienne incontestée et
privilégiée de cette idée.

CHAPITRE III

ÉPUISEMENT PARTIEL DES FACTEURS DU PROGRÈS.

Il est indubitable que l'histoire de tous les peuples est tissue, presque entièrement, de ces alternatives de plus ou moins grande vitalité, aussi bien dans l'ensemble que dans une ou plusieurs parties de leurs manifestations. Telle nation qui, dans une période, se montre animée d'une puissante activité, soit dans le commerce, soit dans la navigation, soit dans une autre branche, semble, dans la période successive, devenue plus faible et comme épuisée. Mais, des arguments que nous avons exposés il résulte que cela ne peut évidemment être attribué à une impuissance inhérente à l'être intellectuel, ni individuellement, ni collectivement. Le degré de perfection auquel un peuple n'a pu atteindre dans une époque est atteint par lui, dépassé même, dans une époque postérieure, après avoir paru décliner du rang qu'il avait d'abord occupé. Ce fait est constant, non seulement dans l'histoire générale des nations, mais aussi, et surtout, dans l'histoire spéciale des différentes branches des sciences et de l'industrie.

La cause de ces alternatives est donc ailleurs. Mais si elle ne réside pas dans l'individu, elle réside alors dans le mode propre au développement du progrès. En se reportant, en effet, à la signification générale du progrès, qui inclut la collaboration collective de l'être intellectuel et la mutualité entre celui-ci et la nature, on trouvera la preuve que les conditions dans lesquelles s'opère le progrès étant variables, le progrès lui-même varie, par conséquent, dans sa manière de procéder. Le repos, la stagnation, même le recul apparent, ne révèlent pas l'insuffisance des forces ou l'impuissance du groupe social, mais l'épuisement des éléments du travail entrepris par ce groupe. C'est là une des conséquences les plus importantes qui découlent du principe que le progrès n'est ni continu ni égal.

CHAPITRE IV

INVIOLABILITÉ DES LIMITES ET DES RAPPORTS MUTUELS DANS LES PHÉNOMÈNES MORAUX.

Néanmoins, le fait vrai et constant qui se présente dans l'histoire, et qui demande à être expliqué, est toujours le suivant : parfois, chez les nations même les plus civilisées, il se manifeste non seulement un état de transition ou de repos temporaire, mais un état de véritable confusion morale où il semble qu'on ait perdu l'idée directrice, ou bien une stérilité d'action qui ne correspond pas à l'énergie vitale employée dans la production de cette idée. Or, dans de pareilles conditions, on peut reconnaître, sans crainte d'erreur, la conséquence de la violation de l'une des lois qui président au perfectionnement de la société morale. Et ici l'on n'a plus à s'occuper du cas, déjà précédemment mentionné, d'une invasion ou dispersion de peuples : dans ce cas, la vie normale interrompue par un cataclysme reprend, au lendemain du violent événement, une direction nouvelle. Il faut, au contraire, considérer la décadence que nous venons de caractériser comme l'effet inévitable de la transgression volontaire des lois du progrès.

Tout phénomène a besoin, pour se produire, de se développer par ses forces autonomiques, et de se rattacher mutuellement aux propriétés des autres phénomènes. La distinction dans la nature est un fait général et évident, comme est évidente aussi la solidarité universelle. Dans les manifestations des systèmes sensitif et intellectuel que nous avons précédemment étudiées, nous avons découvert que chaque action émane d'une force, et que le phénomène qui en découle s'accorde également avec les séries et les catégories d'autres phénomènes, par une propriété intime et particulière d'adhésion, d'assimilation et de pénétration dans les sens, d'analogie, d'association et de construction dans l'esprit. D'où nous avons pu déduire l'intermittence et l'inégalité du progrès moral, comme aussi sa mutualité.

Le même fait se vérifie dans le monde physique, où la diversification se manifeste dans tous les objets, dans leur essence et dans leur forme, ne fût-ce que par leur volume et par leur position. En effet, l'orientation et la position déterminent de nouveaux aspects, de même que la molécularité, la densité, la coloration et les qualités thermiques constituent des différences plus fondamentales. M. Pasteur, le scrutateur scientifique le plus original et le plus fécond de notre temps, a démontré récemment que la dissymétrie existait non seulement dans les corps inorganiques, mais aussi dans les corps organisés et dans les membres des animaux. La même dissymétrie a été observée par M. de Lapreté jusque dans l'écorce du globe terrestre et dans les profils des monts qui s'élèvent sur le sol ou qui gisent dans les abîmes des eaux. Des parties égales opposées à des parties égales restent, par leur seule position relative, perpétuellement inégales entre elles. Par conséquent, toutes les parties de la terre doivent être inégales, soit par leur direction relativement aux pôles, soit par leur orientation relativement au soleil. Les molécules mêmes qui composent les corps ne peuvent pas ne pas être moins inégales, selon qu'en s'assimilant elles s'alignent ou se superposent dans des sens contraires. La diversité, dans la nature, des effets entre eux d'une part et, de l'autre, leur constance à se reproduire, les mêmes des mêmes, prouvent que les limites ne varient pas et n'ont jamais varié.

Si la distinction des limites n'existait pas, il faudrait renoncer à expliquer l'œuvre de l'intelligence, lorsque celle-ci, pour concevoir la propriété des phénomènes naturels, les détache pour ainsi dire des images sensitives. Il faudrait également renoncer à la conception physique des agrégations de parties constituées elles-mêmes chacune dans sa propre entité. Il faudrait encore, si la mutualité ou relation réciproque des phénomènes entre eux n'existait pas, renoncer à reconnaître la solidarité qui, dans l'univers, s'étend depuis le mouvement de translation du soleil vers un autre centre supérieur, jusqu'à la vapeur ténue qui s'élève ou qui s'abaisse sur le sol, et la solidarité qui existe entre la plus simple perception des sens et la conception la plus complexe de l'esprit. On peut même affirmer que, si l'inviolabilité des limites n'existait pas, l'harmonie universelle n'existerait pas non plus ; car le perpétuel changement de celle-là entraînerait la variation de celle-ci, ce qui serait absurde.

CHAPITRE V

DES VIOLATIONS PARTICULIÈRES AUX CENTRES
INTELLECTUELS.

Les stigmates imprimés par la violation des lois naturelles sont surtout visibles dans le cercle des phénomènes
dominés plus particulièrement par l'intelligence. Qu'il
s'élève une croyance absolue, une école privilégiée im-
posées l'une et l'autre par l'autorité du pouvoir politique
ou même par le prestige irrésistible du génie, et voilà
qu'aussitôt on voit se constituer des dogmes, des théories,
des types et des idéalisations qui excluent toute autre forme
de conception dans les religions, dans les sciences et dans
les arts. Durant un long espace de temps, durant même
une série de siècles, la recherche, l'observation, l'examen,
la comparaison resteront exclues du champ prescrit, et
l'initiative de l'esprit se resserrera toujours davantage, en
raison même du plus grand développement qu'aura atteint
l'idée dominatrice. La parole du maître sera commentée,
expliquée, développée jusqu'à sa dernière conséquence;
mais l'*ipse dixit* demeurera la loi exclusive de l'Église, de
l'école ou de n'importe quel autre centre intellectuel.

Tant que la théologie régna sur le savoir, les sciences ne purent avancer que par contrebande. La prédominance de la philosophie pure a donné les mêmes résultats. La méthode d'observation elle-même, qui, des laboratoires passant dans les écoles, y règne aujourd'hui presque partout en souveraine, est cause que l'énorme quantité de connaissances qui va s'accumulant ne profite pas, dans la proportion due, à la raison, synthétique de sa nature, parce que les innombrables branches de savoir manquent de ce lien commun et de cette direction générale que seule pouvait leur assurer la spéculation philosophique. La preuve en est que, malgré l'immensité des connaissances acquises, les législations partielles, les constitutions politiques et sociales, les mœurs, l'éducation et le niveau moral de nos populations européennes se sont bien peu élevés au-dessus de ce qu'ils étaient dans les siècles passés.

Quel ensemble de doctrines plus complet que celui qui nous fut transmis par Aristote? Néanmoins, depuis que les observations anciennes et les axiomes qui les résumaient furent érigés en dogmes indiscutables, la doctrine aristotélique elle-même se changea en servitude de l'esprit. Les arts du dessin, à leur tour, n'eurent certainement pas dans l'ère moderne un plus grand maître que Raphaël. Et cependant la fécondité la plus inépuisable qui ait jamais existé dans les arts, celle de notre Italie, se changea, elle aussi, en stérilité, lorsqu'elle ne sut plus trouver d'inspiration que dans le seul type du peintre divin. La lumière merveilleuse qui, pendant plus de trois siècles, avait brillé à Florence, à Rome, à Venise, à Gênes, à Parme, à Bologne, finit par s'affaiblir et ne jeta plus, jusque dans ces derniers temps, que de pâles reflets, ou, pour parler sans métaphore, l'art ne produisit que des imitations serviles du sublime modèle.

Si, dans l'histoire des peuples, le développement de l'intelligence peut être contemplé dans une seule institution sociale, c'est sans doute dans la religion. La religion forme en quelque sorte l'atmosphère visible de la société; elle crée le monde dans lequel l'homme est placé et, de l'homme, elle explique l'origine et assigne le but suprême. Mais, d'un autre côté, plus son action est vaste et absolue, plus le champ de l'initiative individuelle est restreint. L'atonie des facultés humaines augmente à mesure que s'accroît l'ensemble des préceptes théologiques.

Il est impossible de ne pas admettre que la loi hébraïque ait été un immense progrès à l'époque et dans la région où elle se révéla. L'unité intellectuelle engendrant la Création et l'unité du genre humain, proclamée par elle en même temps, suffisent pour démontrer sa supériorité incontestable dans le savoir par rapport aux autres religions anciennes de l'Asie et de l'Égypte, supériorité qu'elle garda plus tard envers la Grèce et les Romains. L'activité intelligente du *premier un* de la Genèse constitue un progrès sur le *neutre absolu* du bouddhisme, et plus encore sur la dualité des premières forces vives de la nature, telle qu'elle apparaît dans le Zend-Avesta, et, sans comparaison, sur tous les autres poly-

théismes. Cependant, résumez l'inventaire moral, litté-
raire, scientifique, artistique, industriel de ce peuple,
dont les actes les plus simples de la vie étaient réglés par
le précepte religieux, et que trouvez-vous, sous l'emphase
avec laquelle ses annales parlent de lui? Tous ses exploits
se réduisent à la conquête contestée de quelques terri-
toires exigus, tous ses chefs-d'œuvre au temple de Salo-
mon, aux hymnes de David, au livre de Job, toute son industrie au commerce vicinal fait à bras d'homme ou à
dos de bête de somme. Le point élevé d'où était parti le
peuple hébreu semblait le prédestiner à être le guide du
genre humain, et pourtant, à peine a-t-il révélé son
existence à quelque nation voisine. Né géant, il vécut
déprimé par les langes dont l'enveloppait la foi, qui était
sa loi universelle, religieuse, politique, domestique, hy-
giénique et commerciale.

Ce fut également un grand progrès, au milieu de l'ido-
lâtrie de l'Asie et du fétichisme de l'Afrique, que l'avènement de l'islamisme. Mais si la jalouse ingérence du
Dieu d'Israël était un empêchement à toute expansion,
la superbe indifférence du sultan du ciel abandonnait les
fidèles au despotisme absolu de ses ministres sur la terre;
d'où le fatalisme et la soumission aveugle des peuples
mahométans.

Un plus grand progrès s'était évidemment manifesté
plusieurs siècles auparavant avec le bouddhisme, moins
encore pour ses dogmes, qui différaient peu de ceux des
brahmanes, que pour la réforme morale et sociale qu'il

accomplit, surtout au milieu des populations de race jaune. Le principe de la fraternité, que la réforme bouddhiste ne put faire triompher parmi les castes de l'Inde qui l'expulsèrent comme un germe révolutionnaire, les disciples de Çakia-Mouni le fondèrent dans le reste de l'Asie méridionale avec un caractère de charité qui n'eut de rival que dans le christianisme. Le bouddhisme ouvrit le premier la grande ère des Églises séparées des États, idée si féconde par elle-même qu'on est humilié de ne pas la voir encore aujourd'hui couronnée de plus de succès. Mais si la religion, ici, ne cumula pas avec la politique, elle lui prit en revanche une trop grande partie de ce dont elle avait besoin pour prospérer. Le bouddhisme, c'est toujours le dogme de Brahma, c'est-à-dire l'anéantissement de soi-même en présence, ou, pour être plus précis, dans l'attente du ciel. Toute l'énergie humaine est absorbée par l'aspiration à ce continuel *retour* dans le sein de l'être d'où tout émane. On prodigue à l'homme tous les moyens propres à le soutenir dans la dure épreuve de la vie. Des troupes de prêtres l'entourent pour l'instruire et le conseiller dans les diverses phases de son existence; des temples nombreux l'invitent à la prière et aux offrandes à toutes les heures du jour; de saintes inscriptions lui rappellent à chaque pas le vœu constant et la fin unique du croyant. Des villes entièrement construites de couvents le façonnent, dans la solitude, à la contemplation extatique, dont on lui présente avec vénération les exemples les plus parfaits, c'est-à-dire les modèles les plus célèbres de l'insensibilité corporelle. Chez aucun autre peuple, l'Église n'a jamais allongé des antennes plus tenaces et plus multiples. On comprend maintenant que là où le ciel prélève un si large tribut sur l'énergie humaine, il ne reste plus à celle-ci la puissance de se développer dans la vie terrestre.

Le paganisme gréco-romain, resté fécond pour les œuvres modernes de littérature et d'art, offre, au contraire, un champ restreint aux investigations philosophiques ; mais, à l'inverse des religions asiatiques, le culte mythologique laissa à l'individualité humaine une liberté plus grande d'initiative personnelle. La religion hellène, bien que d'origine orientale, personnifia néanmoins humainement les forces de la nature, qu'elle rendit presque indépendantes entre elles. Les luttes de la terre se modelaient sur les luttes de l'Olympe, où Minerve était l'adversaire de Mars, Junon de Vénus, les divinités du feu de celles de l'eau. L'idée métaphysique y perdit, mais l'abondance des idéalités différentes entre elles servit d'aiguillon et contribua évidemment à la merveilleuse activité de ces populations.

Quant au système religieux des Romains, ce fut justement son peu d'intensité qui favorisa la propagation du christianisme sur la surface de l'empire. Il n'opposa pas à la religion, universelle par excellence, qui devait le remplacer, les obstacles insurmontables qu'auraient présentés toutes les autres religions avec leurs dogmes profonds et exclusifs, avec leurs classes sacerdotales héréditaires ou privilégiées. Le polythéisme latin resta, au contraire, ouvert aux Olympes de toutes les nations, depuis le culte rustique sabin de Saturne jusqu'à la haute adoration de Sabase ou du Mithra des Perses, depuis la personni- fication rudimentaire des forces de la nature jusqu'aux conceptions les plus abstruses du panthéisme, et depuis l'intervention directe des dieux dans les choses humaines jusqu'à la médiation divine entre le ciel et la terre.

Il n'était pas malaisé aux Romains, même de l'époque de la République, de concevoir la Création comme l'œuvre d'un seul être, ainsi que le démontre le *summus ipse deus* des Tusculanes de Cicéron, et ainsi que le confirma, cinq siècles plus tard, un autre grand orateur romain et dé- fenseur ardent du paganisme, Symmaque. Le panthéisme naturel ne fut-il pas à son tour exposé à Rome, dans l'un des livres de poésie les plus éclatants qui aient paru dans la littérature de tous les pays, le poème de Lucrèce ? Et, plus tard, Manilius, le premier des Romains qui, issu d'une race patricienne, fit profession de littérature, s'exprima sur l'origine de la divinité avec autant d'in- crédulité qu'Evhémère dans ce fameux livre traduit par Ennius, l'ami de Scipion, livre où la mythologie était expliquée par l'histoire. Qui donc ignore que Carnéade, de la nouvelle Académie, fit fureur à Rome en profes- sant le scepticisme, à tel point que Caton se pressa de renvoyer la députation athénienne dont faisait partie le terrible novateur ? La vérité est que, parmi les grands peuples qui ont rempli l'univers de leur nom, aucun ne professa les dogmes religieux avec plus de tiédeur que

Rome. Dans les premiers cinq siècles de son existence, elle n'avait produit d'autres poésies religieuses que les chants Arvales et saliens, tandis que la Grèce avait déjà, dès ses premiers temps, inspiré Orphée et Hésiode, sans compter les nombreux *poetæ minores*.

La tiédeur religieuse fut cause de sa tolérance. Rome est le seul État qui puisse se vanter d'être resté exempt de persécutions religieuses, car celles contre les chrétiens émanent d'une cause purement politique : la conservation des bases de la société romaine. Les spéculations métaphysiques ne trouvèrent peut-être pas les aptitudes intellectuelles nécessaires dans ce peuple appliqué de bonne heure aux disciplines juridique, militaire et administrative, qui ont fait de lui le maître incomparable de la science du gouvernement. Quoi qu'il en soit, il est certain que, de même que Rome ne se montra pas absolument hostile à l'avènement du christianisme, de même elle ne lui suscita point dans la suite des difficultés et des obstacles en prenant avantage des controverses et des hérésies, qui, comme chacun sait, pullulèrent, notamment dans les premiers siècles, sur toute la surface de l'empire.

Ces qualités négatives, qui ne permettaient pas un puissant développement religieux, jointes à l'admirable sens pratique de la vie sociale, engendrèrent à Rome la séparation effective et constante de l'Église et de l'État, la plus grande des garanties du progrès que l'une et l'autre puissent ambitionner. Les empereurs, pour exprimer la dictature qui se perpétuait en eux, prirent, avec la représentation de tous les pouvoirs publics, celle aussi du pontificat ; mais les collèges sacerdotaux restèrent distincts et indépendants des empereurs, comme ils l'avaient été des consuls. C'est à Constantinople seulement, près des fécondes matrices orientales de la monarchie religieuse, que l'empire devint à moitié ecclésiastique ; mais là même, dans les derniers temps et les plus misérables, il ne se métamorphosa jamais en pure autocratie, pas plus que, de son côté, l'Église ne se métamorphosa en théocratie. Les deux institutions se contentèrent du *condominium*, et, par la vertu de leurs propres bases, se gardèrent mutuellement de s'absorber l'une dans l'autre.

A l'inverse de toutes les autres grandes religions, et en dépit de l'exclusivisme de ses dogmes, le christianisme, de son côté, n'a cessé de façonner les générations successives de l'Europe à la recherche de la vérité, par tous les moyens de l'art et de la science, dans aucune desquelles nulle autre race ou nation ne s'est jamais avancée aussi loin. Il serait puéril de le nier en présence de l'amoncellement énorme des connaissances acquises aujourd'hui : or, l'instruction, qu'on ne l'oublie pas, était, encore au commencement du siècle présent, le monopole du clergé. Si le cours entier du christianisme peut être divisé en trois périodes, à savoir celle de l'empire, celle des barbares et celle de l'Europe moderne, le développement religieux rencontra dans chacune d'elles un modérateur, ou, pour mieux dire, une limite dans le pouvoir politique, sans plus reparler des caractères de son origine et de son essence. Avant d'exagérer l'application de sa doctrine et de trop resserrer la concentration de son autorité, il fut retenu par les éléments organiques mêmes de l'empire, dans lesquels il lui fallut s'introduire : ces éléments étaient le système juridique et la constitution des municipes. Après la dissolution du grand État, la société des barbares lui opposa, plus encore que les prérogatives des rois eux-mêmes, l'âpre et jalouse avidité de pouvoir des castes féodales. Enfin s'éleva contre son influence l'antagonisme des monarchies, qui attirèrent dans leurs orbites sans cesse élargies les éléments d'activité morale, lesquels avaient été jusqu'alors le domaine exclusif du clergé; raison pour laquelle les monarchies, tout en restant religieuses, devinrent laïques, c'est-à-dire émancipées de l'autorité ecclésiastique. Les transactions avec le pouvoir temporel furent donc, malgré l'âpreté des conflits réitérés, le régime constant de l'Église.

Toutefois, ce qui servit le plus à prémunir la religion chrétienne contre un développement excessif de l'absolu, dans sa doctrine comme dans ses règles, aussi bien par rapport à son essence intime qu'en ce qui concerne les institutions coexistant avec elle dans la société, ce fut la surprenante variété d'opinions, d'hérésies, de schismes, de réformes qui surgirent dans son sein et se renouvelèrent en tous sens, sans interruption, tant son germe était puissant, fécond et conforme à l'intelligence humaine! Théologiquement et selon les adeptes de la science des religions, on ne saurait objecter qu'il y ait eu jamais une religion, une croyance, à laquelle la foi du Christ n'ait pu s'adapter. Toutes les religions ont contenu au moins l'embryon, si ce n'est la substance des dogmes de l'incarnation et de la rédemption. D'autre part, il est impossible de trouver dans l'histoire un peuple ou une race qui, par son caractère et son aptitude, répugne à accepter la morale tirée du principe de l'amour fraternel et de l'exemple de la vie du Sauveur. En considérant enfin, avec les philosophes, l'exigence de la raison qui veut un idéal parallèle à son propre développement, comment refuser de trouver dans l'enseignement essentiellement humain de Jésus l'objet constant de l'aspiration des hommes à la perfectibilité, même si les réformes sociales devaient dépasser notre horizon actuel ?

CHAPITRE VI

La coexistence des deux modes distincts et en apparence opposés qui règlent souverainement les phénomènes naturels, dans le monde moral comme dans le
monde physique, a toujours été considérée par les théo-
logues, les philosophes et les savants, comme un antagonisme inhérent à la nature entre deux forces séparées et
ennemies. Ces forces, vues sous divers aspects, ont été
appelées égoïsme et charité, bien et mal, excitation et
résistance, attraction et répulsion; les religions, la philosophie et la science ont essayé de les concilier au moyen
d'un terme supérieur : amour bien entendu de soi-même,
équilibre, synthèse, destin, Jupiter. Peut-être les deux
modes n'expriment-ils que les effets de la force première
créatrice du monde, qui a mis en contact entre eux les
éléments déjà distincts des phénomènes, quelle que soit
d'ailleurs l'essence de cette force suprême et quel qu'ait
été le moment de sa manifestation. De cette manière,
l'antinomie de forces ou de modes se changerait en réciprocité d'états ou de conditions d'être des phénomènes,

dans lesquels se conserverait dès le premier moment le germe ou la puissance de l'action nécessaire à son propre développement et celle nécessaire à la coordination commune. Peut-être les antithèses, même les plus absolues, les contradictions, comme les appelait Kant, qui renonçait à les concilier, proviennent-elles de la faculté spéciale de l'intelligence, qui, détachant les propriétés des images sensitives, peut les considérer, justement à cause de cette action spontanée, aussi bien comme existantes que comme non existantes.

En tout cas, les deux modes ou états réciproques des phénomènes qui, physiquement, sont jugés inaltérables, doivent être aussi regardés comme sacrés, c'est-à-dire inviolables dans le monde moral, afin que le développement du progrès ne subisse aucun arrêt et ne rencontre aucun empêchement. Dans le volume précédent, *l'Expérience de l'histoire*, et dans plusieurs pages de celui-ci, nous avons amplement fait remarquer, au moyen d'exemples tirés de l'histoire de toutes les nations anciennes et modernes, que la décadence dans les sociétés se vérifie invariablement, lorsque celles-ci laissent prédominer exclusivement un seul des éléments de leur activité et lorsqu'elles repoussent l'association féconde des autres groupes. Le progrès se ralentit; il disparaît même toutes les fois que la puissance publique se concentre dans une classe ou même dans une institution. Aristocratie, empire ou communisme engendrent, par leur caractère exclusif, l'uniformité, et, par celle-ci, l'immobilité. Ce phénomène reparaît dans la vie de presque chaque peuple, et, pour n'en citer que quelques exemples, je rappellerai celui des Indes orientales, où le produit d'une haute civilisation déjà ancienne semble avoir été importé d'autres régions, comme l'a remarqué le premier G.-D. Romagnosi, et où il s'est conservé stationnaire jusqu'à nos jours depuis les temps les plus reculés, quelle que soit la date véritable des hymnes sacrés des Védas, que quelques orientalistes estiment aujourd'hui plus rapprochée qu'on ne l'avait présumé d'abord. Le même fait se retrouve dans l'empire byzantin, dans l'empire franco-gaulois, dans les califats des Arabes, dans la France de Louis XIV, dans l'Espagne de Philippe II, et à d'autres époques historiques moins importantes.

L'isolement produit les mêmes effets. Si une société se renferme dans les conditions d'une homogénéité absolue, si elle s'isole en se privant de l'association fécondatrice d'autres groupes, son expansion ne tarde pas à diminuer. Pour le constater, il n'est pas besoin de visiter les populations disséminées dans l'océan Pacifique et dans le voisinage des pôles, où l'existence sociale est restée dans la période de l'enfance. Il n'est pas non plus besoin de passer en revue l'histoire des populations indigènes de l'Amérique, qui, prospères et actives tant qu'elles vécurent en commerçant entre elles, sont retombées en peu d'années dans un état humble et d'où toute civilisation semble avoir disparu, depuis que l'invasion étrangère les a forcées à se réfugier séparément dans les forêts profondes ou dans les prairies immenses. Il suffit de jeter les yeux sur les conditions du petit État de l'Église, effacé depuis peu de la carte de l'Europe, et sur celles de la vaste Chine, qui s'ouvre chaque jour davantage à nos investigations. Privés tous les deux, bien que dans des proportions différentes, de la collaboration des autres peuples, malgré l'antiquité et la largeur de leurs sources de civilisation, ils ont vu tous les deux s'épuiser successivement les ressources de leur activité, du jour où celle-ci cessa d'être alimentée par la contribution de nouveaux germes venus du dehors.

Il y a donc dans l'ordre moral une loi d'où émane, non seulement le développement de la société humaine, mais encore le développement propre à l'intelligence. Loi non pas absolue ni nécessaire, mais relative et conditionnelle, qui porte en soi sa propre sanction, de sorte que si, violée, elle stérilise, respectée, elle féconde, au contraire, les sources de l'activité humaine. Cette loi enfin, comme on l'a vu, prescrit deux modes qui marchent parallèlement, c'est-à-dire la distinction et la mutualité, que contrediraient les deux termes d'absorption et de séparation.

La même chose a lieu dans les phénomènes chimiques et organiques, chez lesquels les impulsions qui président au développement des phases des corps sont aussi deux : l'assimilation et la dissociation des molécules premières qui contribuent à leur composition. En généralisant l'observation de M. H. Sainte-Claire Deville sur la dissociation des gaz, on peut affirmer qu'une soustraction dans la composition des corps s'opère au profit d'autres compositions, toutes les fois que les limites de ces corps sont outrepassées.

Dans le monde physique, l'exact équilibre existe, absolu et nécessaire, et le cataclysme éclate immédiatement à la moindre déviation. Dans le monde moral, l'équilibre est établi par l'être intellectuel lui-même en vertu de sa propre expérience. Si, au contraire de l'ordre physique, l'ordre moral n'est pas menacé d'un cataclysme immédiat par suite des violations des lois de la nature, c'est parce que, dans le monde physique, l'acte de création se perpétue consommé dans les temps, tandis que dans le monde moral, ou, pour mieux dire, intellectuel, l'acte de création, œuvre de l'homme, est permanent, et, comme il a déjà été démontré, admet par conséquent la liberté.

CHAPITRE VI

L'unité de la création, conception que les sciences corroborent chaque jour par de nouvelles preuves, n'implique pas le principe que les gradations de la nature tendent à s'absorber l'une l'autre en vertu d'une transformation successive et continue. Le contraire résulte des faits que l'on observe et qui ont été précédemment soumis au lecteur. Si, d'une part, le fait de l'analogie et de la similarité des substances acquiert toujours plus de certitude ; de l'autre, se dresse le fait non moins certain que chaque substance reste distincte, et que les ensembles ou groupes, formés par le concours de ces substances, demeurent constamment les mêmes. Les plantes se nourrissent des métaux et des roches, comme les animaux, à leur tour, se nourrissent des plantes ; néanmoins, les corps organiques et les corps inorganiques continuent à rester séparés entre eux. Par exemple, le passage même d'un corps aériforme à l'état liquide s'effectue seulement grâce à un agent étranger, dont l'intervention persiste dans la nouvelle condition. Les synthèses surprenantes que les chimistes et les physiologistes parviennent à former aujourd'hui des substances inorganiques, ne sont-elles pas elles-mêmes une démonstration que l'on ne réussit à recomposer un corps que tel qu'il était d'abord composé? La mécanique, pour être une, n'implique pas pour cela que toutes les formes ou périodes d'une même force se résument en une, ou seulement en quelques-unes de ces formes. La cellule, pour être la manifestation de la vie élémentaire des plantes et des animaux, ne prouve pas qu'une partie des tissus et des fonctions de l'organisme soit absorbée au profit d'une autre partie.

Parmi la variété des manifestations que nous offre la nature, nous trouvons, dans l'état actuel de nos connaissances, et nous trouverons certes plus encore dans l'avenir une analogie et même, si l'on veut, une identité d'éléments dans des phénomènes différents. Cela prouve que le lien de la nature est général et constant. Mais la variation des phénomènes de l'un à l'autre, malgré l'identité même des substances qui les composent, prouve aussi que, dans l'un de ces phénomènes existe une propriété nouvelle dont l'origine nous échappe, et qui a été introduite par les conditions du milieu cosmique à l'apparition du phénomène. Il faudrait une nouvelle révolution dans la nature pour faire disparaître cette propriété qui, actuellement, produit de la diversité.

Le mot création, outre qu'il faut ici l'entendre dans le sens de production ou de manifestation universelle coordonnée, doit avoir aussi un sens restreint à la période cosmique, à laquelle le genre humain appartient, et ne concerner que l'ordre actuel de la nature. De sorte que, même en partant des observations et des expériences des sciences modernes, autre chose est de croire que l'élément premier, en se développant par sa propre vertu dans les conditions d'un milieu déterminé, ait donné naissance à l'ordre actuel des êtres, autre chose est de supposer qu'en vertu de ce principe tout tende à se transformer sans fin. Tout ce qui est l'œuvre d'une période cosmique ou de création dure avec elle dans les bornes prescrites à son propre développement.

CHAPITRE VIII

FATALISME ET DARWINISME.

Au point extrême où sont arrivées nos recherches, il nous faut prendre les plus grandes mesures de défense. Car c'est ici qu'en face de la responsabilité morale, qui de nos précédentes études résulte comme un fait nécessaire et constant, s'élèvent les systèmes opposés qui, s'ils ne se résument pas dans le fatalisme, convergent du moins vers le prédéterminisme. Contre le progrès distinct et limité se dresse le progrès continu et indistinct; contre le progrès dans la solidarité, le progrès dans la lutte; contre les lois particulières du progrès moral, la loi unique et générale du progrès physique. L'objection peut surtout être tirée, au profit de toutes les formes du fatalisme, d'un principe qui, désormais, ne sert pas seulement de guide à presque tous les laboratoires et à toutes les écoles scientifiques, mais qui tend aussi à pénétrer dans la recherche des phénomènes moraux pour la diriger au gré de quelques écrivains de nos jours : je parle du principe de l'évolution.

Le grand naturaliste qui a donné son nom à ce principe, ou plutôt à ce système, fut amené peu à peu et comme entraîné par l'enthousiasme de ses admirateurs à formuler la doctrine du transformisme des espèces. Ses adeptes, comme il arrive toujours lorsqu'une grande clarté se lève à l'horizon de l'esprit, ont donné un caractère général et absolu à cet enseignement, qui, dans l'état actuel de nos connaissances, vint imprimer fort à propos une direction plus précise à l'étude des sciences naturelles. Le même principe, déjà nettement formulé et proclamé par Lamarck, avec toute l'ampleur d'une doctrine philosophique, avait pu être froidement accueilli dans un pays et dans un siècle déjà dégoûtés des principes *a priori*, peut-être parce que la méthode des inductions avait été moins rigoureuse, ou plutôt, parce que l'amas des faits observés et classés n'avait pas été trouvé assez concluant. Les découvertes de la chimie, de la botanique, de la zoologie, de la physiologie, de l'histologie et de l'anatomie comparée, effectuées de nos jours coup sur coup, pareilles aux flots montants de la mer, réclamaient une explication du lien si évidemment manifeste entre tous les éléments de la nature.

Le darwinisme est-il la solution invoquée ? Sans doute le système de l'évolution, dans l'état actuel des sciences, est une hypothèse adéquate de la création ou du développement des forces naturelles. Mais la raison de ce système ne semble devoir se rapporter qu'à l'acte même de la création, après lequel toutes les formes et toutes les distinctions demeurent stables. Quels que soient les modes de la réalisation de la force reproductrice de toutes choses, ses résultats se sont perpétués dans les limites où cette force se renferma lors de sa manifestation. Et, en vérité, les espèces, ainsi que les individus, dans les conditions où elles se trouvèrent au premier moment de la présente période historique, ou furent suffisamment dotées pour subsister et se reproduire, ou si elles ne le furent point, comment purent-elles subsister et se reproduire, sans que l'adaptation des organes nécessaires pour cela fût complète? Ou bien les organismes avaient la force de lutter pour l'existence, et alors ils n'avaient pas besoin de nouveaux organes; ou bien ils n'avaient pas cette force, et alors ils périssaient dans la lutte avant d'acquérir ces bienfaisants organes. La lutte suppose des forces relatives.

La raison de ce système se trouve en défaut surtout lorsqu'on veut l'appliquer au monde moral. Le genre humain, selon le système en question, ne différant pas des espèces animales, serait transformable comme elles, et, en réalité, il se transformerait. Si l'on ne sait pas encore dans quelle autre espèce il est susceptible de se transformer, on sait, pour l'instant, qu'il procède directement des classes supérieures des quadrumanes. Et ce n'est pas assez : les facultés intellectuelles se perfectionneraient graduellement et l'évolution serait également la loi des idées.

Il était certes temps d'abaisser l'orgueil humain; l'heure était venue pour l'homme d'abdiquer à son tour sa prétendue souveraineté sur la terre, comme déjà la terre de l'*Almageste* avait dû, à la voix de Copernic, abdiquer sa souveraineté sur l'univers. En outre, il était devenu opportun de se débarrasser de toutes les conceptions aériformes des métaphysiques, des psychologies et des idéologies, qui, depuis trop longtemps, détournaient l'esprit de la recherche des qualités et des fonctions des phénomènes, pour ne considérer que les rapports subjectifs en eux-mêmes. La simplification de la genèse universelle répondait enfin au besoin qu'éprouve notre raison de se former une idée complète de l'ordre, de l'harmonie, du *cosmos* de Pythagore, ordre dont l'intelligence forme évidemment une partie intégrante. Mais il faut pourtant que les observations mêmes, sur lesquelles le système est fondé, n'en contredisent pas les principes. Or, les faits ne paraissent pas s'y accorder.

En réalité, l'homme n'a pas varié depuis l'époque même préhistorique. Dans ses restes fossiles, on retrouve constamment le même type, les mêmes formes, les mêmes caractères généraux non seulement de la structure, mais des proportions de son corps. La science anthropologique elle-même ne peut inférer, des différences qu'elle observe dans la forme, la capacité et les autres conditions des crânes, qu'à cette période, considérée comme l'enfance de l'homme, l'homme fût anatomiquement inférieur à ce qu'il est aujourd'hui, puisque ces différences se retrouvent indistinctement dans les mêmes groupes ou dans les mêmes régions des mêmes époques, et que, d'ailleurs, il ne semble pas démontré jusqu'à ce jour que tel profil ou telle dimension constitue une infériorité. Si, comme M. de Quatrefages le remarque, dans la dernière période de l'époque quaternaire les produits mixtes de races différentes existaient déjà, cela veut dire que des individus dissemblables entre eux avaient procréé d'autres individus dissemblables, comme il arrive encore aujourd'hui non seulement parmi les hommes, mais aussi parmi les animaux et les plantes. Les demeures que dans l'époque susdite l'homme choisissait ou construisait, les résidus de sa nourriture, les animaux asservis par lui, les objets travaillés de ses mains, le genre de son existence, ses mœurs ainsi que ses arts, tout atteste qu'il a toujours été également doué des mêmes facultés. L'état de l'homme fut de tout temps, sans exception, nécessairement social, et il se servit de la parole et des arts pour soumettre les forces de la nature à son propre développement.

Ni l'élévation de l'esprit ni l'énergie des conceptions, telles que nous nous les figurons aujourd'hui, n'ont jamais manqué à l'héritage des hommes. Les monuments de l'histoire nous fournissent, en effet, les moyens de mesurer leur valeur intellectuelle. A quelle hauteur les religions anciennes, où se concentraient toutes les connaissances, n'avaient-elles pas dû parvenir pour pouvoir nous transmettre les textes du Zend-Avesta, du Rig-Véda, de la Bible, de l'épigraphie égyptienne, et de la théogonie d'Hésiode? En même temps que les livres religieux des Aryens et des Sémites, nous possédons les livres Kings des nations de race jaune, livres qui, au dire de Confucius, renfermaient tout le savoir d'un âge très reculé. La partie la plus ancienne des hymnes des Védas, selon la sagace observation de M. Émile Burnouf, a précédé les textes de l'Avesta, qui constituait déjà un schisme dans la religion aryenne primitive; textes traduits et commentés par un autre Burnouf. Cette dynastie d'orientalistes a rouvert à l'Europe les trésors de ses premiers ancêtres, comme nos Fabbretti nous ont restitué, à nous Italiens, le patrimoine plus direct de nos prédécesseurs, les Étrusques et les Ombriens.

Dans ces premières hymnes védiques, monologues passionnés adressés au premier Créateur, et, dans le sens du sanscrit, au premier Producteur des choses, éclate une telle intensité d'amour, une si profonde observation de l'enchaînement des phénomènes de la nature qu'elle ne semblerait pas possible, si l'on n'admettait pas un immense développement parallèle de l'imagination et de l'analyse dans ces vieux peuples d'Orient.

Et si l'on voulait résumer dans les personnalités les plus éclatantes la puissance de la pensée, à laquelle étaient parvenus les âges dont une si longue suite de siècles nous sépare, oserait-on soutenir que, malgré les innombrables découvertes de notre temps, on y ait vu paraître des individus doués d'une organisation intellectuelle plus parfaite que celle d'Aristote, de Platon, d'Anaxagore, de Pythagore, d'Orphée ou des Orphées, d'Homère ou des auteurs de l'Iliade, de Confucius, de Moïse, de Zoroastre? De ces fondateurs des plus grandes religions, de ces créateurs des plus célèbres systèmes de philosophie, de ces poètes restés inimitables jusqu'à nos jours ?

Et si l'on voulait pousser la comparaison entre des peuples entiers, dont l'histoire nous soit tout entière connue, pourrait-on, sans fatuité de la part des modernes, prétendre que les nations d'aujourd'hui, l'Angleterre, la France et l'Allemagne, malgré les moyens dont elles disposent à cause de la plus grande somme de connaissances qu'elles possèdent, se soient rendues supérieures aux Grecs et aux Romains ? ces grands peuples qui, sans parler de leurs exploits guerriers, gardent encore la maîtrise de la civilisation universelle dans les sciences, dans les arts et dans les institutions civiles ? Ce n'est pas la valeur de l'homme qui a changé, mais la valeur des connaissances dont il dispose. La somme des propriétés des phénomènes naturels et de leurs rapports parvenue à la connaissance de l'intelligence humaine, voilà ce qui a réellement changé. Leibnitz, à l'époque de Pythagore, aurait été moins savant, tandis que celui qui a démontré le carré de l'hypoténuse l'aurait été davantage, s'il avait paru à l'époque de Leibnitz et de Newton.

L'évolution, au contraire, a pour termes relatifs la continuité et la *sélection*, comme les auteurs de ce système dénomment le perfectionnement de certaines variétés, c'est-à-dire le triomphe exclusif de certains types, ou pour mieux dire, par une conséquence rigoureuse, d'un seul type, moyennant la suppression des moins aptes ou des plus faibles. Théories décourageantes, comme l'était également la théorie d'un autre illustre auteur anglais, Malthus, basée également sur des faits non moins insuffisamment observés. Malthus n'avait pas remarqué que la quantité consommable tend à s'équilibrer avec la quantité consommatrice, soit à cause d'une certaine équation générale de la vie qui domine toutes les productions de la terre, soit à cause du phénomène de la force appliquée au nombre qui augmente avec elle. Pour s'en convaincre, on n'a qu'à consulter deux faits de la statistique historique : 1° les degrés de densité successive de la population sur un même point, et 2° la translation fréquemment opérée de la densité de la population d'une région à l'autre. Là où aujourd'hui on ne voit qu'un désert, là autrefois se pressait une agglomération de peuples, et réciproquement.

Darwin lui-même ne semble pas avoir tenu assez compte de l'alternance que présente l'analyse même suivie par lui, à savoir que, si en remontant aux premiers actes de la genèse de la nature, on procède à la vérité du moins simple au plus simple pour arriver peut-être à l'*un*, au contraire, en descendant cette échelle, la variété s'étend progressivement presque sans fin ; comme nous voyons dériver du soleil, substance unique et forme unique en apparence, des phénomènes innombrables, dont chacun continue à en engendrer une multitude d'autres toujours plus distincts et plus divers. Depuis la matière incandescente qui se soulève, comme par la force d'une respiration, dans l'atmosphère solaire, jusqu'à la réfraction d'un de ses rayons dans l'atmosphère terrestre, combien de variétés ne se sont-elles pas produites ! Et combien d'autres variétés ne continuent-elles pas à se produire, après que la réfraction a eu lieu, sur les eaux, sur les aériformes, sur la terre ! D'une seule particule de l'irradiation solaire émane toute une partie de notre monde. C'est que justement la diversification des phénomènes est, dans ce cas, en raison de l'accroissement de leur nombre.

L'évolution continuelle et conséquemment l'élimination d'une partie au moins des types, moyennant la sélection, quelle autre signification aurait-elle dans le monde moral, si ce n'est la suppression d'une grande partie des forces qui concourent à la production de l'être humain, lequel est un composé de gradations physiques, sensitives et intellectuelles, comme les autres règnes de la nature sont l'ensemble de toutes les gradations qui leur sont propres?

Ou bien certaines conformations anatomiques, certaines impressionnabilités sensitives, certaines initiatives et intensités intellectuelles devraient disparaître, et alors telle ou telle partie des sciences, des arts, des industries serait ainsi condamnée ; ou bien l'élimination aurait lieu au détriment des variétés et des individualités moins aptes, et alors on verrait se consommer le sacrifice des plus faibles au profit des plus forts. L'arrêt a été formulé, en effet, dans ces termes mêmes. Il serait néanmoins difficile d'expliquer ce qu'on entend par les plus faibles dans l'état social, où il n'existe en réalité que des aptitudes, et où chaque aptitude, comme personne ne l'ignore, est un agent nécessaire du corps social tout entier. Mais, en faisant toujours appel aux faits, nous voyons les faits continuer, ici encore, à démontrer le contraire.

Les Romains n'ont connu que quelques races seulement; la découverte d'une immensité de terres nouvelles, dans les temps modernes, en a révélé un bien plus grand nombre. Laquelle de ces races a-t-elle disparu de la surface de la terre? La race noire et la race jaune et leurs variétés peuplent encore en grand nombre l'Afrique entière, toute l'Asie méridionale et plusieurs grandes îles. Ni l'Amérique, ni la Polynésie n'ont vu disparaître entièrement les races indigènes qui les habitaient. Et, pour ce qui est de l'Amérique centrale, la décadence des anciennes peuplades indiennes était déjà commencée, d'après les recherches les plus récentes, à l'époque de Montézuma II, et cette décadence était due à l'excès du despotisme. Si plusieurs tribus ont continué et continuent à diminuer de nombre dans ces régions, c'est peut-être parce que les races ibériennes et anglo-saxonnes, en envahissant le grand continent occidental et les îles australiennes, avaient un intérêt absolu à supprimer les habitants des contrées envahies pour y assurer leur propre existence. Mais, si cela était vrai, les invasions successives dont l'Asie a été de tout temps le théâtre, aussi bien que l'Afrique et l'Europe, auraient dû anéantir des peuples innombrables. Or, combien de nations manqueraient-elles aujourd'hui à l'appel de l'histoire, si l'on veut ou sait discerner celles qui ont perdu leur nom dans les nouveaux amalgames dont elles constituent maintenant une partie intégrante ? S'il est difficile de retrouver les traces de certains peuples anciens, cette difficulté existe justement pour les peuples qui avaient affirmé le plus hautement leur puissance et, partant, leur supériorité sur les autres.

Dans les collections d'animaux fossiles, on observe quelque chose de plus concluant encore : on y rencontre des espèces de l'époque tertiaire qui ne se sont plus reproduites et qui pourtant sont supérieures à celles qui leur ont survécu. D'ailleurs, qui peut dire, sans s'exposer au reproche d'arrogance, que des peuples, regardés actuellement comme inférieurs en civilisation, ne cesseront pas de l'être dans l'avenir, sous l'impulsion de conditions nouvelles ?

Sans doute, les plus forts dévorent souvent les plus faibles, mais il n'est pas moins vrai que les plus petits vivent fréquemment aux dépens des plus grands. On en trouve heureusement la preuve même dans le domaine spécial du naturaliste.

En laissant de côté d'autres exemples, il y a des insectes microscopiques qui vivent comme une végétation sur les corps des hyménoptères sociaux, les tuant souvent, sans que ces petits animaux, si ingénieux et si bien armés, non seulement pour la défense, mais aussi pour l'attaque, puissent se délivrer de leurs imperceptibles et à la fois mortels ennemis. La lutte pour l'existence se dénouerait ici à l'avantage du plus faible, de l'être inférieur.

De toute façon, si la lutte pour l'existence représente une condition essentielle de la vie, ce qui est indubitable, c'est parce que cette lutte est le caractère même de la permanence individuelle. Supprimez l'inviolabilité des limites dans les phénomènes naturels, et la lutte n'a plus de raison d'être. Mais la lutte pour l'existence n'exprime que l'une des deux conditions extrêmes de la vie, comme il a été démontré dans la loi d'antinomie, à savoir celle de la distinction nécessaire de l'individu, l'autre étant l'universalité et la mutualité. A la lutte pour l'existence on oppose donc, en la circonscrivant, le concours pour la solidarité.

CHAPITRE IX

DE LA NON-EXISTENCE D'UN ORDRE PRÉÉTABLI
DANS LES IDÉES.

Pour rendre plus complète la discussion de la nouvelle
théorie fataliste, il reste à examiner l'évolution considérée comme un moyen d'accroître et de perfectionner
les idées en elles-mêmes et par leur propre force. Le
sujet permet toujours l'observation des faits, mais la
nature de ces derniers est ici totalement différente de
celle de tous les autres, et l'observation non seulement
ne peut pas être pratiquée dans les laboratoires, mais
elle ne saurait pas même s'appliquer à l'histoire ou à
n'importe quel recueil de phénomènes moraux. Même
en admettant que les idées soient la continuation et le
complément des sensations, c'est-à-dire le contraire de
ce qui a déjà été démontré dans cet ouvrage, même
alors, le phénomène se déroberait à toutes les observations directes, par la raison que les idées qui ne représentent pas des actions ne laissent pas de traces après
elles dans le monde sensible, si ce n'est au moyen de
signes se rapportant à elles exclusivement. C'est pourtant
sur ce genre de faits internes et appartenant au domaine

de l'intelligence qu'il faut tenter non seulement l'observation, mais l'expérience à l'aide de la méthode de comparaison et d'équivalence.

Si l'on admet que l'idée ne reproduit pas seulement
les images dérivant des sens et détachées des corps, mais
que, en outre, elle représente à l'intelligence la connaissance particulière des propriétés intimes qu'ont en eux-
mêmes les phénomènes naturels et celle des relations
qu'ils ont entre eux, il faudra aussi admettre que l'essence
de l'idée exclut tout procédé évolutif, entendu dans le
sens d'accroissement ou de transition de forme. Et il n'en
pourrait être autrement, puisque les propriétés étant toutes
distinctes entre elles, la notion de l'une d'elles ne saurait correspondre à aucune autre. Lorsque l'idée exprime
une propriété commune à plusieurs phénomènes, comme
dans les généralisations, cette propriété est toujours une
dans l'acte de contemplation de l'intelligence, encore que
l'intelligence la reconnaisse en plusieurs objets, car la généralisation s'accomplit, grâce à une autre de ses facultés,
par rapport au nombre, jamais par rapport à la propriété.
La propriété, par exemple, de solide ou de liquide est
une, et l'idée qui l'exprime l'exprime indépendamment
de la quantité des corps qui la renferment également et
identiquement. Bien plus, on pourrait ajouter que la
généralisation s'opère en vertu de la faculté de concevoir
une propriété en elle-même. Tant qu'il s'agit de simples
quantités, l'esprit n'accomplit d'autre acte en les conce-
vant que celui d'accumulations progressives; tandis qu'il

généralise, au contraire, lorsqu'il applique indistinctement à une série de quantités cette propriété *une* qui lui
a été révélée par les phénomènes. L'idée n'est, par conséquent, ni assimilable, ni convertible.

Supposons, en effet, que par suite des conditions successives dans lesquelles l'intelligence est placée, elle
conçoive d'un phénomène donné d'abord une qualité, puis
ensuite une qualité différente ou même absolument opposée, ainsi qu'il arrive souvent après une observation
plus mûre : où est le lien entre ces deux propriétés? L'eau
a pu être considérée durant des siècles comme un élément simple, ensuite comme un élément composé. Les
gaz, après être restés longtemps inconnus, ont été reconnus pour des corps non condensables et réductibles à l'état
de liquides. Le sang, en dépit d'Hippocrate, de Galien, de
l'école de Salerne et de celle des Arabes, a été regardé,
jusqu'à Harvey, comme stagnant dans les veines et plus
tard comme circulant du cœur aux vaisseaux moteurs,
qui en modèrent le cours, comme on le sait aujourd'hui.
La terre, qu'on croyait plate et immobile au centre de
l'univers, a enfin tourné sur elle-même et autour du soleil.
Je m'arrête : le petit nombre de lecteurs auxquels ce livre
s'adresse sauront bien trouver de plus nombreux et de
meilleurs exemples.

Or, comment l'idée complexe du double mouvement
de la terre aurait-elle pu dériver de l'idée, également complexe, de l'immobilité de la terre? Qu'on résume un à
un tous les éléments et tous les passages successifs de

celle-ci et de celle-là, on n'en pourra naturellement trouver un seul qui soit commun aux deux séries ; **car si les deux idées sont opposées dans l'ensemble, elles ne le sont pas moins dans leurs éléments.** L'une et l'autre ont cependant existé, elles existent même encore, quoique l'une soit reconnue vraie et l'autre erronée.

Au reste, les idées ne sont pas plus assimilables entre elles ou convertibles en d'autres lorsqu'elles sont moins complexes. Même quand l'intelligence conçoit avec le plus de sûreté les propriétés des entités simples de forme et de nombre, comme dans les mathématiques, les extrayant plus énergiquement, pour ainsi dire, des images des corps et s'en formant, dans la suite, grâce à la faculté qui est propre à son essence, la généralité des types, elle ne les conçoit qu'à mesure que les grandeurs et quantités s'offrent à elle sous des aspects successifs. L'extension changera de forme et de grandeur selon la position des lignes qui la circonscrivent, et l'entité des nombres sera différente selon l'ordre qu'ils suivent. C'est que les propriétés de toutes les grandeurs sont indépendantes entre elles, comme le sont les propriétés des phénomènes auxquelles elles correspondent. Qu'une ligne tombe sur une ligne perpendiculaire ou oblique, qu'un nombre soit seulement pair ou impair, les conséquences en seront inégales. Le lien ou rapport existant entre elles représente le rapport qui existe entre les phénomènes de la nature universelle, et ne pénètre dans l'entendement qu'après les notions successives de plusieurs propriétés, comme une propriété plus intime. L'eau paraît d'abord un corps transparent et liquide, on découvre ensuite sa tendance à reprendre son niveau, puis son évaporation, puis les éléments qui la composent, éléments qu'on retrouve enfin dans d'autres corps. Cette relation intime entre les divers phénomènes constitue l'ordre général et immuable de la nature. Si elle préexistait dans l'intelligence, l'erreur ne serait pas possible, et l'erreur cependant côtoie toutes les connaissances humaines. Les problèmes des mathématiques eux-mêmes restent ouverts, depuis des siècles, à plusieurs solutions, et l'on attaque jusqu'à la démonstration d'un théorème d'Euclide.

Cela tient à ce que l'erreur est relative non pas à l'objet observé, mais à l'insuffisance de l'observation. L'erreur constitue, en effet, la preuve la plus inéluctable de l'état de création permanente, qui est celui des émanations intellectuelles. L'*errare humanum est*, axiome indulgent énoncé en faveur de la faiblesse humaine, pourrait être érigé en principe. Oui, on peut considérer l'erreur comme le sceau de l'œuvre créatrice de l'homme. Il n'existe pas d'erreur dans le monde physique, parce qu'elle serait la violation de l'ordre préétabli et nécessaire. Dans le monde intellectuel, l'ordre ne pourrait être institué que lorsque la création en serait achevée, c'est-à-dire lorsque l'être intellectuel aurait acquis l'équivalence entière de tous les phénomènes de la nature.

Qu'on ne nous oppose pas qu'il existerait ainsi deux univers, deux natures. La nature, qui est seule active dans tous les phénomènes jusqu'à la formation des impressions sur les sens et qui ensuite a pour collaborateur dans la perception des images l'être sensitif, devient enfin seulement objective dans les émanations intellectuelles. L'être intellectuel agit à son tour sur la nature en contemplant, en connaissant et en attirant presque à soi, non plus les simples images des phénomènes, mais leurs propriétés intimes et leurs rapports réciproques. De ces rapports, qui sont le lien général de la nature, l'être collectif intellectuel forme, comme on l'a vu au livre III, une création qui lui est propre et dont la substance diffère de toutes les autres substances sensibles, mais qui cependant correspond et est subordonnée à la raison d'être de l'ordre naturel.

Où donc voit-on apparaître ici les deux natures? Les matériaux, pour m'exprimer ainsi, sont fournis par la nature; l'opération s'accomplit dans ses limites, et le résultat est le produit de son action même. Ainsi le point de départ comme le point d'arrivée, l'*a quo* et l'*ad quem*, se trouvent circonscrits dans le sein de la nature et soumis à ses lois. Seulement, il y a eu l'intervention d'une nouvelle substance, avec des facultés particulières, parmi lesquelles la faculté principale de la liberté, qui représente sa subordination à l'ordre universel de la nature, mais conditionnelle et non pas absolue, faculté qui est inadmissible dans tout autre état en dehors de celui qui est en voie de création, comme l'état intellectuel. Les actes émanant d'une pareille substance, sans que nous ayons ici à en rechercher la finalité, ne troublent pas évidemment l'ordre des phénomènes que règlent des lois inflexibles, par la raison que ces actes s'accomplissent en dehors ou au-dessus des phénomènes, mais toujours dans l'orbite de l'univers, orbite plus vaste, en vérité, que celle que les catégories des phénomènes naturels connus jusqu'à ce jour peuvent nous le faire supposer.

CONCLUSION

LES GRANDS CYCLES MORAUX.

La nature des recherches auxquelles nous venons de
mettre fin ne nous permettrait peut-être pas de nous
arrêter sur leurs applications, même les plus générales,
à la constitution de la société civile. Cependant, une
conséquence se présente si immédiate et si étroitement
liée avec les déductions ci-dessus exposées, qu'il nous
semblerait laisser notre ouvrage incomplet si nous ne le
terminions par elle. Mais nous nous bornerons à en indi-
quer seulement les points principaux.

En suivant pas à pas le phénomène des accumulations
successives du progrès moral, nous en avons découvert
l'origine dans les deux ordres distincts qui embrassent
l'universalité des actions humaines, c'est-à-dire dans les
opérations de l'organisme sensitif et dans les opérations
de l'intelligence. Dans le premier de ces ordres, l'homme
se trouve en relation continuelle et nécessaire avec la
nature, puisqu'il en subit l'influence directe et constante

dans tous ses actes; dans le second, l'homme est en communion avec la nature, mais non pas nécessairement, parce que c'est spontanément qu'il la contemple, afin d'en découvrir les propriétés intimes, grâce aux idées, qui peuvent être adéquates, mais non pas subordonnées aux phénomènes naturels. Les opérations sensitives sont effectuées par l'être humain seul et individuel, considéré dans le sens génératif; les opérations intellectuelles, au contraire, ne peuvent se produire que par le fait du *moi* collectif, c'est-à-dire de l'homme en état de société morale.

On ne peut concevoir l'être humain dans l'isolement. L'hypothèse de l'état de nature, émise par Rousseau et par les Calvinistes, bien que favorable à la recherche du principe de liberté, ne saurait plus, de nos jours, être discutée, basée comme elle l'est sur ce fait chimérique, que l'homme puisse ne pas vivre en société, quand la faculté du langage, qui réside en lui, est déjà la condition sociale innée et nécessaire. On peut, nonobstant, le considérer dans l'état initial de société, lorsque l'élaboration intellectuelle s'esquisse à peine dans l'embryon du premier développement. L'homme, dans cette période, est encore sous la domination presque absolue de la nature par les impressions extérieures qu'il en reçoit, et aussi par les impulsions internes qui le déterminent. Il lui est impossible de se soustraire à cette passivité, parce qu'il ne connaît pas encore la raison d'être de la loi, ou, pour mieux dire, il ne fait que subir l'effet dernier et immédiat de la loi qui lui est imposée. Pour lui, cette loi n'est autre chose que la souffrance ou la satisfaction, le plaisir ou la douleur; dès lors, il cherche l'un et fuit l'autre. Qu'on appelle cette alternance des forces instinctives amativité ou répulsion, ou d'un autre nom, elle restera toujours le seul résultat de l'organisme sensitif animal. Jusqu'à ce jour, l'action de l'homme est donc réglée par ses passions.

Que l'intelligence, au contraire, se développe à l'aide du langage et de la collaboration permanente de ses congénères, c'est-à-dire dans l'état normal et progressif de société, l'homme entre alors dans une sphère d'action où la fonction sensitive non seulement devient secondaire, mais reste soumise à sa volonté. Les images des corps qui l'environnent, il les perçoit avec plus de sûreté, puisqu'il a rectifié par l'analyse et la comparaison ses propres sens; en outre, il contemple librement, selon sa préférence, plutôt ces images que d'autres, parce qu'il les contemple en lui-même, détachées des corps, exemptes de toute influence sensitive, dans l'orbite immense que l'énergie propre de l'intelligence crée pour lui exclusivement, avec les propriétés intimes des phénomènes de la nature et avec leurs rapports mutuels.

L'universalité des phénomènes qui se manifestent à l'homme lui révèle un lien si indissoluble entre eux, un ordre si complet et si nécessaire, que, pour accomplir plus promptement et plus régulièrement son propre développement, il sent le devoir de se conformer aux lois qui émanent de cet ordre. Or, ces lois, bien qu'inflexibles dans les catégories des phénomènes qui régissent chacune d'elles en particulier, néanmoins, grâce à l'équilibre existant entre elles, permettent à l'homme, qui en distingue la raison, de se ranger sous l'empire de celles qui lui sont propices, de s'en prévaloir même et, au contraire, de se prémunir contre celles qui lui sont hostiles. Dans ce cercle d'actes, en apparence infini, l'homme voit, prévoit et pourvoit, guidé par la seule raison.

Toutes les phases de la société humaine, depuis la plus rudimentaire jusqu'au degré le plus élevé de communauté morale, se résument dans les deux ordres susdits, qui, tout en s'influençant l'un l'autre, restent toutefois constamment distincts. Dans l'un, on a des appétits et des répulsions, on aime et l'on hait avec l'impétuosité irrésistible des passions; dans l'autre, on observe, on généralise, on induit, on déduit, grâce à la direction spontanée de l'esprit. Mais, en même temps, si c'est dans ce dernier ordre que la société acquiert son développement exclusif, c'est dans le premier qu'elle puise les éléments qui la constituent exclusivement. Toutefois, il importe à la société que l'individu concoure à cette prédisposition avec les aptitudes les plus appropriées. Donc, si, d'une part, le fonctionnement des actes sensitifs est subordonné au développement de l'être moral; de l'autre, les actes de l'être moral dépendent de la meilleure coordination des actes sensitifs. Dans la distinction et la réciprocité des grands cercles d'action concentriques à l'homme résident, par conséquent, l'origine et la sanction des lois positives.

La raison d'être ou la justification des lois humaines, reposant sur leur conformité avec la loi générale de la nature, exige la connaissance de cette dernière. La capacité exclusive d'en coordonner les éléments et l'absolue nécessité de les prescrire me semblent donc pouvoir représenter, avec une évidence suffisante, les deux conditions extrêmes réclamées par toute législation. De toute façon, qu'il me soit permis de ne pas entrer, pour le moment, dans la question inextricable des droits et des devoirs qui, dans l'état actuel des notions sur les aptitudes naturelles de l'homme, n'expriment plus rien d'exact, ou, s'ils expriment quelque chose qui approche du vrai, ce n'est que lorsqu'ils se résolvent les uns et les autres dans l'idée de force, idée qui provient, en réalité, d'un des modes de l'ordre physique, mais qui ne reproduit certainement pas l'universalité des règles de la nature.

Or, tant qu'il reste dans le domaine absolu des passions, l'homme, *individu* est incapable de connaître le lien, c'est-à-dire la raison des phénomènes naturels ; et, au contraire, puisqu'il est destiné à former la collectivité, qui seule peut et doit connaître ce lien, par suite des propriétés de l'intelligence qui se développent en elle, il est nécessaire que ses fonctions sensitives soient réglées, afin de concourir utilement à ce but.

Si, pour un instant, on pouvait supposer l'homme en société privé d'intelligence, la nature inflexible rectifierait immédiatement, en vertu de l'équilibre qui existe entre ses lois, les erreurs et les excès dans lesquels il pourrait tomber. On verrait probablement s'introduire dans la reproduction de la race des hommes ces anomalies, ces difformités, ces monstruosités qu'on voit paraître dans tous les règnes de la nature, sans en troubler toutefois l'ordre, condamnées comme elles le sont à rester infécondes. L'espèce humaine, dans ces conditions, continuerait à se reproduire perpétuellement la même, impuissante à avancer même d'un millionième de degré vers son amélioration, comme toutes les autres espèces qui vivent sur la terre.

Mais l'homme devient nécessairement l'humanité, dont le perfectionnement croît, en effet, à mesure qu'elle entre en possession de l'équivalence, ou, en d'autres termes, de la claire et complète connaissance des objets sensibles. Donc, c'est sur les actes sensitifs passionnels, c'est-à-dire sur l'être humain considéré physiquement, que porte l'action de la loi, tandis que la loi ne peut procéder que de l'être intellectuel. On découvre ainsi que, de la réciprocité des deux ordres moraux, laquelle se vérifie dans la manifestation des rapports humains, ce n'est pas l'idée de force absolue qui découle, mais le principe du savoir progressif.

Par conséquent, la société morale, chez qui seule on trouve l'aptitude complète au progrès humain, possède seule la faculté de prescrire les règles propres à la réaliser. Les individus qui la composent et les générations successives qui la perpétuent puisent en elle la conscience des actes auxquels chacun en particulier, et tous en général ont contribué. D'où le consentement immédiat et universel qui donne la sanction.

Et il n'en saurait être autrement, parce que, d'un côté, l'individu, quoique rangé dans une société morale, ne posséderait qu'imparfaitement, étant seul, la conscience résultant de la collaboration collective ; et, d'un autre côté, il ne pourrait contredire à l'œuvre à laquelle il a participé, dans les conditions identiques de tous les autres coopérateurs. Cette supériorité collective, nécessaire, exclusive et incontestée, constitue, par conséquent, la puissance éminemment sociale : « l'autorité », dans laquelle se résume la vérité trouvée et consentie par la société intellectuelle.

Néanmoins, la connaissance des propriétés et des lois de la nature, auxquelles l'homme a le devoir de se conformer dans ses actions pour atteindre au degré le plus élevé de sa propre amélioration, ne s'obtient que successivement, degré par degré et dans un ordre consécutif.

On ne peut mettre en doute qu'au début de l'existence sociale, abstraction faite des révélations surnaturelles, la raison des phénomènes naturels ne fût enveloppée de la plus profonde obscurité. Le soleil éclairait la face de la terre ; mais les objets, même les plus visibles, n'étaient pas compris. L'incertitude devait être générale, non seulement sur l'essence des choses, mais aussi quant à la convenance des rapports humains. Et, en effet, l'ignorance qui devait exister, à l'origine de l'humanité,

sur les notions du monde matériel comme sur la moralité la plus élémentaire, nous est en partie révélée, même
aujourd'hui, par la condition des tribus et des peuplades
qui, durant trop longtemps, ont vécu séparées des foyers
les plus vivants de la civilisation. Aussi comprend-on
aisément que la plus simple explication des objets sensibles fût accueillie avec admiration au milieu de ces
ténèbres épaisses de l'esprit, et qu'elle devînt sacrée par
le consentement universel.

Or, comme on le voit, deux éléments, qui s'accroissent
d'eux-mêmes sans cesse, concourent à la découverte des
lois de la nature, objet perpétuel de l'humaine raison
Le premier représente la somme des connaissances déjà
acquises, parce que le lien existant entre les phénomènes
met sur la voie de la découverte de leurs propriétés,
qui se suivent comme engrenées l'une dans l'autre;
le second est constitué par le nombre des êtres intellectuels, qui, grâce à l'arrivée incessante de générations
successives, multiplie les aptitudes spéciales dans le travail commun et indéfini. Le patrimoine moral s'augmente
ainsi de connaissances toujours nouvelles, qui, justement pour cela, se modifient entre elles et changent
relativement de valeur, comme il a été plus largement
démontré dans les pages précédentes. Non que le vrai
cesse d'être le vrai et qu'une vérité nouvelle se substitue à une vérité ancienne; mais la vérité, qui est
une, se dévoile graduellement, pour ainsi dire, peu à
peu, et, tant qu'elle n'est point entièrement découverte,

plusieurs de ses côtés ou aspects représentent une entité différente de celle que représente un seul de ses côtés ou aspects. Il s'ensuit que l'autorité se déplace de proche en proche, revêtant de son caractère impératif des connaissances ultérieures, qui deviennent, à leur tour, les bases de la vie civile adéquates au degré de progrès de la société.

Mais, pour que les bases de la vie civile soient les plus aptes à son plus grand développement, c'est-à-dire pour qu'elles soient à la fois et les plus favorables pour obtenir le bonheur relatif et les plus efficaces pour conquérir de nouveaux degrés de perfectionnement, il importe que le cours des investigations du vrai, dans tout le champ de l'activité intellectuelle, reste perpétuellement ouvert. Ce ne sont pas seulement les périodes particulières et abstraites des problèmes en attente d'une solution qu'il faut soigneusement tenir libres de tout obstacle. Il faut également regarder comme intangibles et sacrées les périodes d'exercice permanent, pendant lesquelles les facultés intellectuelles fonctionnent, impliquant les actes externes correspondants, et qui, justement dans cet exercice, trouvent les moyens de marcher à des conquêtes toujours plus importantes du vrai.

En effet, quelle loi humaine pourrait frapper le germe même de la loi, plus encore, la puissance législatrice elle-même? Dans toutes ses opérations, l'intelligence ne peut avoir d'autres règles en dehors de sa propre règle absolue de construction logique, et de la règle modératrice de la nature. Le genre humain lui-même, considéré exclusivement dans ses rapports sensoriels, ne serait-il pas, lui aussi, atteint dans sa croissance naturelle, si l'on introduisait la moindre restriction dans le développement intellectuel? Les arts, l'industrie, l'hygiène si nécessaire à l'amélioration de l'homme, et l'apaisement même des passions et l'élévation des sentiments ne seraient-ils pas diminués ou retardés par la diminution ou le retard du progrès intellectuel? De même que la collectivité morale exige impérieusement que toutes les forces physiques de l'homme concourent à son développement continuel ; de même, elle est appelée à contribuer, avec tous ses éléments, à l'amélioration de l'homme dans ses aptitudes et ses besoins physiques. Qu'un seul de ces éléments soit supprimé, et le résultat sera inférieur à ce que l'on s'est proposé. Le progrès humain repose par conséquent tout entier sur la recherche continue et universelle, laquelle n'est pas autre chose que la *liberté*, c'est-à-dire l'état de plein développement de la collectivité intellectuelle.

La genèse directe de l'autorité par la liberté résulte de cette façon, avec évidence, de la distinction et de la réciprocité des deux grands cycles, qui embrassent l'universalité des actes humains. Tant que ces actes s'effectuent sous l'impulsion des sens et des passions, ils veulent être réglés et corrigés ; il faut, au contraire, les tenir pour inviolables, lorsqu'ils traduisent à l'extérieur les élaborations de l'intelligence.

Telles sont les bases fondamentales et absolues de la

société tirées des faits mêmes observés dans le développement naturel de l'homme. Il sera plus tard moins difficile de découvrir le régime que doivent suivre les catégories intermédiaires des rapports humains qui naissent et fonctionnent entre ces deux ordres extrêmes. On peut néanmoins entrevoir, dès à présent, que, plus s'étend la sphère dominée par la raison, plus se rétrécit celle que les sens et les passions influencent exclusivement; ou, tout au moins, cette dernière tend à modifier sa nature, et je dirai presque, si l'on me passe cette expression inusitée dans nos raisonnements, je dirai presque qu'elle se spiritualise.

TABLE DES MATIÈRES

LIVRE III.

LES PROPRIÉTÉS DES PHÉNOMÈNES NATURELS EN COMMUNICATION AVEC L'INTELLIGENCE.

LIVRE IV.

DÉFINITION ET CONSÉQUENCES IMMÉDIATES DU PROGRÈS MORAL.

LIVRE V.

DE LA TRANSGRESSION DES LOIS DANS LE MONDE MORAL.

9 782329 470894